COLLECTION FOLIO

Étienne Klein

En cherchant Majorana

Le physicien absolu

Gallimard

Courriel : editionsdesequateurs@wanadoo.fr
Site Internet : www.equateurs.fr

Physicien, docteur en philosophie des sciences, Étienne Klein a créé et dirige le Laboratoire de recherches sur les sciences de la matière du CEA (Commissariat à l'Énergie Atomique). Il a écrit plusieurs ouvrages de réflexion sur la physique, notamment *Les tactiques de Chronos* (2003, prix « La science se livre ») et *Discours sur l'origine de l'Univers* (2010). *En cherchant Majorana. Le physicien absolu* a été élu Meilleur Livre 2013 dans la catégorie « sciences » par le magazine *Lire*.

À Ettore Majorana Jr.

Prologue

MIRACLE À L'ITALIENNE

> Un livre doit être la hache qui brise la mer gelée en nous.
>
> KAFKA

Au début de ses *Amours de Psyché*, qu'il dédie à la duchesse du Bouillon, au nom sonnant comme un titre gastronomique ou comme l'avertissement à ses prétendants qu'ils se prendront une veste, La Fontaine parle de quatre amis dont l'un « tombait parfois dans la maladie du siècle et faisait un livre ». L'ayant beaucoup pratiqué, je conçois qu'on puisse tenir le travail d'écriture pour une sorte de maladie, voire l'indice d'une authentique folie. Et même qu'on puisse considérer, avec le philosophe chinois Tchouang-tseu, « que l'homme parfait est sans moi, l'homme inspiré sans œuvre et que l'homme saint ne laisse pas de nom[1] ».

1. *Philosophes taoïstes*, trad. Liou Kia-hway, Bibliothèque de la Pléiade, Gallimard, 1980, p. 89.

Aujourd'hui, plus que jamais, l'écriture peut apparaître comme le plus vain des travaux.

Mais à ces appréciations tout à fait raisonnables je voudrais opposer l'argument suivant, qui me servira au moins d'excuse : l'écriture est le seul moyen que l'homme ait jamais trouvé pour se débarrasser de ses pensées les plus obsédantes. Ainsi m'a-t-il fallu écrire pas moins de trois essais pour parvenir à me délivrer (définitivement ?) de la question du temps. Tout livre achevé met au repos l'esprit de son auteur.

Ensuite, je n'ai plus voulu. Ou plutôt, je n'ai plus éprouvé le besoin d'écrire, cette sorte d'impatience de dire ou d'expliquer qui vient coloniser presque tous les moments de la vie. Jusqu'à ce que l'emprise d'un certain disparu revienne, lancinante. Et je ne comprends toujours pas pourquoi ni comment certains morts parviennent à s'intriquer à certains vivants, par-delà l'espace et le temps.

Ettore Majorana m'est « tombé dessus » lorsque je commençais mes études de physique. À lui tout seul il est la contradiction la plus radicale qui fût jamais apportée à tout ce qui est ordinairement considéré comme ordinaire chez les physiciens. Il est une singularité pure, qui a surgi dans les années 1920, au moment où la physique venait d'accomplir sa révolution quantique, dans le sillage de la découverte de l'atome. C'est l'époque où le fascisme et le nazisme gagnaient une partie de l'Europe.

Né en 1906, Majorana a été un théoricien fulgurant, prophétique à ses heures. Ses travaux ont porté sur les particules élémentaires, les forces nucléaires et l'antimatière. Certains ne furent compris que dans les années soixante. D'autres sont encore à déchiffrer. Cet authentique génie, de la trempe de Galilée et de Newton, avait « des dons qu'il était le seul au monde à posséder à son époque », disait de lui le Prix Nobel de physique Enrico Fermi, qui l'a bien connu.

Ce jeune homme maigre, aux yeux sombres et incandescents, devint célèbre dans toute l'Europe scientifique. Mais de tels dons ont leur contrepoids : Majorana ne savait pas vivre parmi les hommes, et c'est la pente pessimiste et tourmentée de son âme qui finit par l'emporter. À l'âge de trente et un ans, il décida de disparaître et le fit savoir. Une nuit de mars 1938, il embarqua sur un navire postal qui effectuait la liaison Naples-Palerme et se volatilisa. Son corps ne fut jamais retrouvé.

Personnalité complexe, à l'intelligence prodigieuse, Majorana est insaisissable. Alors comment, trois quarts de siècle après sa disparition, tenter d'entendre la leçon de Montaigne et « pénétrer les profondeurs opaques des replis internes de [cet] esprit[1] » ? Au début, on pense pouvoir utiliser les procédés qu'on a éprouvés : relire les documents qu'on a rassemblés pendant des années, les notes qu'on a consignées sur de petits carnets, laisser venir, puis jeter un œil sur les premières phrases — quel cambouis ! On se sent forcément un peu ridicule. Alors on se remet au travail patiemment. Mais, lorsque le sujet est Majorana, les choses se passent autrement : à mesure que le dossier s'épaissit, le risque augmente de ne jamais commencer vraiment, par scrupules, par inhibition devant l'envergure du scientifique, et parce que l'énigme de sa disparition, qui a fait couler tant d'encre en Italie[2], est polarisante et confondante : il se serait suicidé en se jetant dans la mer ; retiré dans un monastère de Calabre ; serait parti en Argentine ; il aurait même été enlevé ou assassiné par les nazis. Les hypothèses s'affrontent, difficiles à départager. On se dit aussi qu'il faudrait rencontrer des membres de sa famille, fouiller les archives, dans l'espoir qu'à la fin on comprenne un peu mieux. Et, bien sûr, on a mille et une raisons de procrastiner.

C'est au moment précis où j'allais abandonner qu'un petit miracle se produisit. Le 12 avril

1. Montaigne, *Essais*, III, PUF, 11, p. 1029.
2. Voir notamment le livre retentissant de l'écrivain italien Leonardo Sciascia : *La Disparition de Majorana* (1975), traduit par Mario Fusco, Allia, 2012.

2012, ouvrant de bon matin ma messagerie électronique, je tombai sur un email de... ettore.majorana@... ! Non, c'était impossible : cent cinq ans, il aurait eu cent cinq ans bien tassés ! Je cliquai, stupéfait, sur l'icône du courriel :

Cher Professeur Klein,

J'ai appris que vous vous intéressiez à Ettore Majorana. EM était l'un des frères de mon père. Généralement, je ne parle pas de lui comme d'un oncle car je ne l'ai jamais rencontré, du fait de sa disparition prématurée. La semaine prochaine, je serai à Paris pour participer à un colloque sur les applications des recherches que mon équipe et moi-même menons sur les ondes gravitationnelles.

Mon emploi du temps est très chargé, mais je disposerai d'un peu de temps dans l'après-midi du mercredi 18 avril, juste après le déjeuner. J'aurais plaisir à vous rencontrer et à vous entendre parler de l'avancement de vos recherches historico-physico-philosophiques sur EM.

Bien cordialement à vous.

ETTORE.

Ettore MAJORANA Ph. D.
National Institute for Nuclear Physics (INFN)
Roma Branch
c/o Dipartimento di Fisica.

Celui qui m'écrivait n'était autre que le neveu de « mon » Majorana, un physicien expérimentateur, spécialiste de la détection des ondes gravitationnelles. Ses parents lui avaient donc donné le prénom de l'oncle disparu — quelle étrange idée d'ainsi lester l'existence d'un enfant. Je pris la chose comme un signe du destin.

Quelques jours plus tard, je le rencontrai à Paris, dans un café du Quartier latin. À près d'un siècle de distance, il y avait plusieurs échos : la ressemblance des visages, la retenue, l'élégance, la minceur. Je m'étais attendu à faire la connaissance d'un septuagénaire et découvrais un homme alerte. Nous avons à peu près le même âge, mais tous mes oncles sont nés bien après 1906.

Ettore Majorana Jr. avait vu l'affiche de la conférence que je venais de donner à l'École normale supérieure, « Les travaux prémonitoires d'Ettore Majorana : quand la disparition cache l'œuvre ». Nous parlâmes deux heures — cela aurait pu durer dix fois plus longtemps — et devînmes, je crois, amis. Lui non plus n'en avait pas fini avec l'« affaire Majorana », ni avec le mystère d'une disparition dont il me dit qu'il ne serait jamais élucidé. Il était visiblement habité par ce manque et la structure apparente de son être avait comme incorporé une part du drame familial.

J'avais l'impression que nous étions deux « ettorelogues » un peu perdus et complémentaires : Ettore Majorana Jr. savait toutes sortes de choses sur la vie de son oncle et sur l'histoire de sa famille, j'avais étudié de près les articles scientifiques, et nous butions sur les mêmes questions : pourquoi Majorana avait-il pris tant de soin à mettre en scène son échappée belle ? Pourquoi a-t-il brouillé les pistes au point de les rendre toutes également probables, également improbables ? Je repris mes lectures fiévreusement. J'avais envie de partir respirer la Sicile et l'Italie, visiter Catane, Rome, Naples et Palerme, faire le tour de ce quadrilatère fatal. Le train de l'écriture venait de se remettre sur les rails.

1

TOUT S'EST JOUÉ AUX FRONTIÈRES

> Je me souviens de Ploum, ploum tra la la. Je me souviens du scoubidou.
>
> GEORGES PEREC

Tout compte fait, c'est la prison qui m'a mené jusqu'à Ettore Majorana.

C'était en 1980. J'avais vingt-deux ans, j'étais étudiant et je n'avais pas d'autre ressource que l'argent que je gagnais en donnant des cours particuliers de mathématiques ou de physique. Je dispensais mes services en deux lieux, aux antipodes l'un de l'autre : le VIIe arrondissement de Paris, qui m'a laissé peu de souvenirs, et la prison de Fresnes, qui m'a marqué au fer rouge. Chaque jeudi après-midi, je préparais de jeunes détenus en préventive au baccalauréat.

Une fois admis dans l'enceinte de la prison, vingt minutes s'écoulaient avant que je retrouve mon élève. Un homme à casquette me prenait en charge et m'escortait sans dire un mot dans un dédale de couloirs. Il ouvrait l'une après l'autre les grilles qui séparent les différentes zones de Fresnes. Le cliquetis des clés résonnait sur les murs nus et des relents de lessive et d'urine imprégnaient ces lieux dépourvus de lumière naturelle. J'entendais des prisonniers frapper sur les portes de leur cellule avec leur poing ou leur chaussure. Parfois, nous croisions un homme entravé, un baluchon à l'épaule. Toujours j'avais peur de ce que je pourrais entendre ou voir. L'homme à casquette m'accompagnait jusqu'à un réduit très étroit, équipé d'une table métallique et de deux chaises, habituellement réservé aux entretiens entre les prisonniers et leurs avocats. C'est là, dans cette chambre froide, que je donnais mon cours — un tête-à-tête serré —, sous le regard périodique d'un gardien.

Je croyais, comme Victor Hugo, qu'« ouvrir une école, c'est fermer une prison », et je militais ardemment contre la peine de mort. Aujourd'hui, je comprends mieux mon empressement : je voulais rencontrer ceux qui passent quatre-vingt-six mille quatre cents secondes par jour, durant des semaines, des mois, dans une cellule, un lieu auquel il m'aurait été strictement impossible de m'adapter. Au mieux, cet univers me fascinait, au pis, il m'aspirait psychiquement par un étrange effet de répulsion négative. Tout en le détestant, je voulais m'en approcher le plus possible, je voulais comprendre les règles et les codes, découvrir les techniques et les stratagèmes des détenus pour « tenir ». J'y ai noué des relations fortes et j'y ai pris la mesure de la puissance des déterminations sociales. Mes étudiants de Fresnes ne provenaient pas exactement des beaux quartiers.

Entre quatre murs et sous un néon blafard, une leçon sur la théorie des groupes, les équations du deuxième degré ou la chute des corps peut prendre des allures de bonbonne d'air libre. Et cela vous empêche de décrocher. J'en délaissais mes excursions dans le VIIe arrondissement, de sorte que j'avais les plus grandes difficultés à payer le loyer de ma petite chambre de la résidence de l'École centrale. Enseigner à Fresnes ne me rapportait pas un sou. Je décidai donc de trouver un stage d'été bien rémunéré.

Un jour d'avril 1980, dans un couloir de l'École, je tombai sur une affiche du CERN, le grand laboratoire européen de physique des particules, qui proposait aux étudiants en sciences de toute l'Europe des séjours d'été de deux mois à Genève, dûment et grassement rétribués, en francs suisses, s'il vous plaît : il s'agissait de suivre des cours le matin et de participer aux travaux d'une équipe de physiciens l'après-midi. Je déposai aussitôt un dossier, qui fut accepté. À l'époque, il ne fallait renseigner qu'une ou deux pages et n'obtenir la signature que d'un seul professeur. Il a bel et bien existé le temps où de telles formalités étaient rapides et où nul n'éprouvait le besoin d'appeler de ses vœux un « choc de simplification ».

Je débarquai dans la ville des banques et des comptes secrets un dimanche de juin, sous un grand soleil. La tranquillité des rues donnait une image suisse, donc précise, de l'infini. Dans le lointain, les montagnes, celles-là mêmes qui ne tarderaient pas à devenir mon terrain de rêve et de jeu, dressaient leurs têtes, en guise, peut-être, de compensation métaphysique. Le Mont-Blanc, avec à sa gauche l'aiguille Verte dans son écharpe vaporeuse et la double aiguille noire des Drus, verticale, tendue, fière et nue. Fidèle au poste autant qu'à sa réputation, le jet d'eau du lac Léman (cent dix mètres de hauteur, d'après la brochure touristique) flottait, indécis, dans les émanations de chaleur, avant de laisser retomber une écume irisée dans une apothéose de lumière.

Dès le lendemain matin, je découvris le CERN. Au milieu des champs du pays de Gex, sur un territoire à peine plus grand que le Vatican, des édifices de toutes sortes se tenaient serrés les uns contre les autres, dans une cacophonie de couleurs : bureaux en préfabriqué, hangars et ateliers, vieilles chambres à bulles posées à même les pelouses s'entremêlaient dans une joyeuse pagaille architecturale. Assez vite, je remarquai que les bâtiments y sont numérotés en dépit de toute logique. Ainsi, le bâtiment 73 se trouvait coincé entre le 238 et le 119. Dire que je pensais me trouver dans un lieu de haute précision... Écrit à la peinture blanche sur la façade d'un gigantesque hall de montage équipée de prises d'escalade, je me souviens d'avoir découvert ce matin-là ce dialogue très *british* :

— *I want to be an alpinist. What do I need, Sir ?*

— *First, a mountain.*

Il est des leçons qu'on n'oublie pas. Celle-ci me servirait par la suite de mot d'ordre dans le choix de mes destinations de vacances : Chamonix, ou bien Chamonix, à moins que nous n'allions... à Chamonix. Il y aurait aussi le Népal, les Alpes suisses, italiennes, autrichiennes, les Pyrénées, l'Atlas, le Hoggar, le Spitzberg. Mais à Chamonix toujours je reviendrais.

Je me rendis au lieu du rendez-vous, comme les autres étudiants engagés. On entendait toutes les langues d'Europe. Un bus nous transporta jusqu'à un immense bâtiment. Un physicien néerlandais d'un certain âge, à l'air bonhomme, nous attendait en tirant sur sa pipe. Il était chargé de nous faire visiter les accélérateurs de particules tapis dans les profondeurs du sous-sol, de part et d'autre de la frontière franco-suisse.

Un ascenseur menait jusqu'à l'antre de ces monstres technologiques, à cent mètres sous terre. Là, nous découvrîmes le SPS, le Super Proton Synchrotron, une sorte de Circuit 24 géant installé dans un tunnel circulaire de béton de plus de six kilomètres de circonférence. J'en restai bouche bée. Dans un tube métallique où régnait un vide lunaire circulaient en sens inverse et à des vitesses folles deux faisceaux de particules, l'un de protons, l'autre d'antiprotons. En deux points diamétralement opposés du tunnel ces particules gorgées d'énergie cinétique entraient en collision, ce qui provoquait, par transmutation de l'énergie en matière, le surgissement d'autres particules dont les traces étaient recueillies par deux énormes détecteurs installés dans des cavernes de la taille d'un immeuble. Et, tels des piranhas, des physiciens se jetaient sur ces traces. J'étais littéralement subjugué.

Tout ce que j'avais appris se trouvait là dépassé et même rigoureusement contredit. On m'avait doctement enseigné que le vide est ce qui reste dans un volume après qu'on en a extrait tout ce qui est possible : le volume demeure, mais il n'y a plus rien à l'intérieur. L'espace a en quelque sorte été lavé de toute matière. Je compris tout à coup que le vide n'est pas vide. Il contient de l'énergie. Il est même rempli de ce qu'on pourrait appeler de la matière fatiguée, « à l'état de veille », constituée de particules bel et bien présentes mais n'existant pas réellement… De particules « virtuelles », en quelque sorte, qui se trouvent en situation d'hibernation, dans une sorte d'ontologie endormie. Entre deux volutes bleuâtres, notre physicien de guide nous expliqua ceci, qui me bouleversa : « Pour faire exister réellement ces particules tapies dans le vide comme des Belles au bois dormant, il faut leur donner l'énergie qui manque à leur pleine incarnation. Et c'est justement ce qui se passe quand deux particules provenant d'un accélérateur de haute énergie entrent en collision. Elles offrent leur énergie au vide et, du coup, les particules virtuelles que celui-ci contenait deviennent réelles et s'échappent hors de leur repaire. Le vide soudain se réchauffe et les particules qui y faisaient un petit somme depuis plusieurs milliards d'années retrouvent la vitalité qu'elles avaient dans l'univers primordial. »

Jamais je n'avais entendu parler de tout cela. Le grand collisionneur de particules n'était finalement qu'une machine servant à chauffer le vide, une sorte de bouilloire sophistiquée capable d'offrir une vertigineuse cure de jouvence à l'Univers… Blaise Pascal, dont j'étais un lecteur fervent, avait eu une intuition fulgurante : « Il y a autant de différence entre le néant et l'espace vide que de l'espace vide au corps matériel ; et ainsi l'espace vide tient le milieu entre la matière et le néant[1] », écrivit-il au très révérend « père Noël » (*sic*), qui ne croyait pas à l'existence du vide. N'est-ce pas exactement ce que je venais d'entendre ?

Comment la physique était-elle parvenue à de telles conceptions sur l'invisible, l'impalpable, le presque rien ? à une telle sophistication ? Pourquoi de si grosses machines pour déceler de si petites particules, aux noms pour moi enchanteurs — électrons, muons, neutrinos, quarks, fermions, pions, bosons, hypérons ou kaons ? D'un coup, j'ai voulu tout comprendre. Et je suis tombé dans le chaudron de la physique comme on tombe amoureux.

L'heure de quitter le tunnel arriva et nous regagnâmes l'ascenseur. Sa porte se refermait lorsqu'un physicien essoufflé s'y engouffra *in extremis*, lâchant un « *Excuse me !* » diplomatique. Notre guide lui adressa un petit signe de bienvenue, appuya sur le bouton et aussitôt une alarme retentit : à l'évidence, il y avait surcharge. Tous nos regards se tournèrent alors vers le dernier arrivé, à l'embonpoint manifeste. À sa place, n'importe lequel d'entre nous aurait présenté ses plus plates excuses avant de quitter la cage. Mais lui resta là et s'exclama : « *When*

1. Réponse de Blaise Pascal au très révérend père Noël, recteur de la Société de Jésus, à Paris, le 29 octobre 1647. Pascal, *Œuvres complètes*, Bibliothèque de la Pléiade, Gallimard, 1998, p. 376.

I say "yes", then press ! » Puis il sauta en l'air en s'écriant « *Yes !* ». Notre guide réappuya aussitôt sur le bouton. L'ascenseur s'ébranla et prit suffisamment de vitesse, avant que les pieds du personnage ne retombent sur le plancher, pour pouvoir continuer sa course vers la surface. La masse transportée n'avait pas changé, mais cette fois le système d'alarme n'avait pas protesté. Jolie ruse. Je découvrais que les physiciens ne sont pas constitués d'un bois ordinaire. Ils aiment jouer avec les lois qui gouvernent la matière et le mouvement des corps.

Le premier cours de physique des particules nous fut donné dès le mardi matin, dans le grand amphithéâtre du CERN, chargé d'histoire, impressionnant. Tandis que nous prenions place dans les travées, déambulait au fond de la fosse le célèbre Victor Weisskopf, débonnaire, le sourire en coin. Dans les années 1930, il avait été l'assistant de Wolfgang Pauli, qui obtiendrait en 1945 le prix Nobel de physique pour son principe d'exclusion éponyme, et il avait aussi collaboré avec la plupart des autres pères fondateurs de la physique quantique : Werner Heisenberg, Niels Bohr, Erwin Schrödinger, Albert Einstein, Robert Oppenheimer... Pendant la Seconde Guerre mondiale, il avait participé au projet Manhattan, dont le terme tragique — Hiroshima et, pire, Nagasaki — le tourmentait encore. Puis, dans les années 1960, il avait terminé sa carrière en tant que directeur général du CERN. Bref, une authentique légende sur pattes se tenait devant nous et s'apprêtait le plus tranquillement du monde à nous faire cours.

Il commença par nous expliquer d'un air très détaché qu'il avait passé une bonne partie de sa vie à s'interroger sur la réalité physique des objets mathématiques : ne sont-ils qu'une invention humaine, un simple langage, ou leur existence est-elle indépendante de nous, nichée dans quelque inaccessible arrière-monde ? Sont-ils des créations de l'esprit ou des objets réels ? Weisskopf nous avoua qu'il ne connaissait pas les réponses à ces questions, mais qu'elles n'avaient cessé de le hanter à mesure que la physique gagnait en efficacité opératoire. Il cita Platon, Aristote et, je crois bien, Kant, à moins que ce ne fût Husserl. Ce grand théoricien à la retraite avait des lettres, un charme fou et un enthousiasme de débutant.

Puis il passa au cours de physique proprement dit. Pour les besoins d'une démonstration, il se saisit d'une craie et traça au tableau un repère à trois dimensions. Suivant la coutume, il représenta les axes *Ox* et *Oy* dans le plan même du tableau, puis figura l'axe *Oz*, perpendiculaire aux deux premiers, par un point entouré d'un cercle, donnant l'impression que cet axe pointu jaillissait telle une flèche hors du tableau.

Quelques minutes plus tard, alors qu'il s'apprêtait à passer devant la figure qu'il avait dessinée, il se baissa avec ostentation pour éviter l'axe *Oz* et se tourna vers nous en soufflant d'un air grave : « On ne sait jamais, l'axe *Oz* existe peut-être vraiment… » L'éclat de rire fut général.

La messe était dite. Ma vocation se confirmait : j'étudierais la matière à toute petite échelle, j'enseignerais la physique du monde microscopique et je tenterais de questionner ses implications philosophiques.

C'est le lendemain de ce jour crucial que je tombai pour la première fois sur le nom d'Ettore Majorana, en lettres blanches sur fond bleu. Il était inscrit sur le panneau de la rue qui menait du bâtiment dans lequel je travaillais à l'un des réfectoires : *Ettore Majorana (1906-1938 ?)*. Au CERN, toutes les rues portent des noms de physiciens célèbres (Newton, Maxwell, Rutherford, Einstein, Pauli, Bohr, Fermi, Dirac…), mais de ce Majorana je n'avais jamais entendu parler. Qui était-il ? Et pourquoi ce point d'interrogation derrière l'année de sa mort : « 1906-1938 ? » ? Je posai la question aux physiciens de l'équipe qui m'accueillait. Aucun ne sut me répondre, jusqu'à ce que je rencontre un ingénieur italien, Walter Scandale : « C'était un type génial, me dit-il, une sorte de physicien absolu. Un Sicilien tourmenté qui a travaillé à

Rome dans le groupe d'Enrico Fermi. Mais, peu de temps avant la Seconde Guerre mondiale, il a disparu sans laisser de traces. Personne ne sait ce qui lui est arrivé. »

C'est là que tout a commencé, Majorana et sa présence fantomale. Rapidement, je fis en sorte d'en savoir davantage sur lui. J'appris, grâce à un article que je trouvai à la bibliothèque du CERN, une première chose fascinante : dans les années 1930, Majorana avait prédit, à partir d'arguments purement théoriques, l'existence de nouvelles particules. Aujourd'hui, plus de quatre-vingts ans plus tard, les physiciens ne savent toujours pas dire si ces particules, les « fermions de Majorana », existent ou non. Mais, depuis qu'ils ont compris qu'elles pourraient être la solution d'un épineux problème cosmologique qui ne se posait pas encore à l'époque, celui de la « matière noire », ils les traquent un peu partout dans le monde, grâce à des instruments de plus en plus imposants et de plus en plus sensibles, ce qui, en l'occurrence, n'est pas contradictoire.

Depuis ce premier séjour au CERN, Majorana m'accompagne. Il m'accapare même, à mesure que les années passent. Et, quand je regarde la photo de cet Alceste génial, je crois qu'il nous interroge, nous, les physiciens : « Qu'avez-vous donc fait ? »

Récemment, j'ai voulu entreprendre une sorte

de pèlerinage : revoir la rue qui porte son nom. Je ne l'ai pas retrouvée, ni en parcourant les allées dans tous les sens ni en consultant le plan du site. Troublé, j'ai interrogé mon ami Sylvain Weisz, qui travaille au CERN depuis des années et en connaît les moindres recoins. Après vérification auprès de la direction du laboratoire, il me certifia que cette rue n'existait pas, qu'elle n'avait même jamais existé. Avais-je halluciné ? Ou cette rue avait-elle disparu, elle aussi ?

Je dus me rendre à l'évidence : c'est grâce à une fausse rue que j'avais fait la connaissance d'un vrai personnage qui disparut à l'âge de trente et un ans, au moment où la physique quantique s'apprêtait à ouvrir grand les portes de l'ère nucléaire.

2

ENTRE L'EAU ET LE FEU

Nous devons une part de notre être à notre ville natale.

ALBERT EINSTEIN

Ettore Majorana vient au monde entre la mer Ionienne et l'Etna, à Catane, où les oranges, dit-on, sont les meilleures du monde. Plus précisément, il naît à 20 h 15 le 5 août 1906, dans l'appartement familial situé au n° 251 de la via Etnea, la longue rue qui traverse toute la ville et semble vouloir monter jusqu'au volcan le plus haut et le plus actif d'Europe. À cette époque, la Sicile est riche et Catane rayonne. La physique, elle, commence sa plus grande révolution : Albert Einstein vient tout juste d'élaborer sa théorie de la relativité restreinte, qui établit un lien fondamental entre l'espace et le temps, rassemblés désormais au sein de ce qui sera nommé l'espace-temps, et son travail théorique sur le mouvement brownien permet à Jean Perrin de prouver expérimentalement l'existence de l'atome. L'année 1906 est aussi celle du suicide du physicien Ludwig Boltzmann, des décès de Paul Cézanne et de Henrik Ibsen.

Ettore n'aura pas de descendance, mais il n'a pas n'importe quelle ascendance. Il appartient à une lignée prestigieuse, illustre même, qui a donné à la jeune nation italienne des ministres, des députés, des ingénieurs et un autre physicien, Quirino Majorana, oncle d'Ettore, professeur de physique expérimentale à l'université de Bologne et président de la Société italienne de physique. Son père, Fabio Massimo, est un brillant ingénieur, responsable de la Compagnie des télégraphes et télécommunications de la ville. Sa mère, Dorina Corso, descend d'une très ancienne dynastie sicilienne propriétaire de vastes domaines terriens.

« Les Majorana sont comme les pommes de terre : les meilleurs sont sous terre », énonce le dicton familial. Chez eux, on pratique la fierté de façon plutôt rétrospective. Il faut dire que Salvatore Majorana Calatabiano, le grand-père d'Ettore, semble avoir été un homme extraordinaire. Député, puis ministre de l'Agriculture, de l'Industrie et du Commerce, il donne à ses sept enfants une éducation à la fois stricte et ouverte : plusieurs fois par mois, il leur fait jouer dans le grand salon des pièces de théâtre en latin ou en grec. Sénèque, Euripide, c'est selon. Bien sûr, sa progéniture est instamment priée de lire Rabelais, Montaigne et tous les grands classiques. Cette élégance intellectuelle ou, mieux, cette exigence de l'esprit va de pair avec une discrétion, une modestie, une noblesse que j'ai retrouvées, deux ou trois générations plus tard, chez tous les membres de la famille Majorana que j'ai pu rencontrer.

Ettore est le quatrième d'une famille qui comptera cinq enfants : Rosina, Salvatore, Luciano, Ettore, Maria. Il voit le jour dans un immeuble jaune et cossu, devant lequel je me suis arrêté longuement, guettant quelque fantôme aux fenêtres du deuxième étage. Un immeuble, est-ce que ça se souvient ? Celui-ci se souvient-il ? Sa façade, en tout cas. Au niveau du premier étage, une plaque commémorative ne parle que d'Ettore Majorana, comme si de toutes les pommes de terre il avait été la plus importante :

« Ici naquit, le 5 août 1906, le physicien théoricien Ettore Majorana. Génie solitaire et timide, il explora les secrets du monde avec la vivacité d'un météore qui disparut trop tôt, au cours du mois de mars 1938, laissant derrière lui le mystère de ses pensées. »

Pas d'autre indice. Pour moi, juste l'émotion brute.

Je n'ai pas pu entrer dans l'appartement,

occupé aujourd'hui par une autre famille, et suis allé marcher dans le Giardino Bellini, tout à côté, sur les allées pavées de galets noirs et bordées de palmiers, sous un ciel de mars déjà printanier. Enfant, Ettore a dû y jouer au ballon, courir sur les petits reliefs avec ses frères et sœurs, et, sans doute, rester assis sur l'un de ces nombreux bancs, près d'un parterre de fleurs. Il s'amusait probablement comme les enfants de son âge. Et, comme eux, il aimait ces confiseries siciliennes en pâte d'amandes, excessivement sucrées. Cela tombe bien : presque en face de chez lui, il y a deux vieilles institutions, les maisons Salvia, fondée en 1897, et Spinella, en 1913. Dans leur vitrine, des dizaines de petits fruits aux couleurs éclatantes. J'en rapporterai pour mes deux fils, histoire de me faire pardonner mes absences. Lorsqu'il était enfant, Paul, mon aîné, avait le même air de petit Sarrasin qu'Ettore. Lui aussi était fluet, sensible et timide. Et parfois leurs images se superposent.

Mais Ettore ne voyait pas le monde comme les autres le voient et ses yeux l'ont toujours dit.

Dès l'âge de quatre ans, il manifeste des dons exceptionnels, notamment en arithmétique. Quand la famille reçoit de la visite, on lui donne des exercices de calcul impossibles à résoudre pour le commun des mortels, on veut épater la galerie : multiplier deux nombres de trois chiffres chacun, extraire des racines carrées ou cubiques. Ettore se glisse alors sous une table, comme s'il voulait s'isoler, ne pas être observé, et quelques secondes plus tard il formule une réponse, toujours la bonne. Sous une table pour se concentrer, mais aussi parce que, comme tous les enfants qu'on exhorte à s'exhiber, il est mal à l'aise. Il n'aime pas faire le singe. Il y a une différence entre ce qu'il est et ce qu'on veut montrer qu'il est. Sans doute la perçoit-il déjà. Est-ce ce sentiment de honte ou de discordance qui déterminera plus tard ses efforts pour passer inaperçu et sa réticence à communiquer ses résultats de recherche ?

Il lui arrive parfois de désobéir. À douze ans, il prend le volant de la massive voiture familiale et son inexpérience, combinée aux lois de la physique classique, l'envoie rapidement contre un muret. Son corps conservera un souvenir indélébile de cette interaction brutale avec le monde empirique, sous la forme d'une longue cicatrice à la cuisse et d'une autre à la main, curieusement oubliées dans la fiche descriptive que le ministère de l'Intérieur rédigera au moment de sa disparition.

Ettore ne va pas à l'école. Selon la tradition familiale, ce sont ses parents qui l'éduquent — leur appartement regorge de livres. En 1915, ils l'envoient avec ses frères et ses cousins en pension à Rome, dans le meilleur collège d'Italie, le Massimo alle Terme, dirigé par les pères jésuites. Puis la fratrie fréquentera le lycée d'État Torquato Tasso, l'un des plus réputés de la capitale.

Dans la même classe qu'Ettore il y a le jeune Gaston Piqué. Entre les deux, c'est l'élection. Grâce à Gaston, on sait qu'Ettore peut aussi être enjoué et faire rire la galerie en imitant l'accent des paysans siciliens. S'il a des relations à zéro degré Kelvin avec la plupart des représentants du genre humain, il se montre très chaleureux avec ses plus proches.

Mais, au bout du compte, le jeune Majorana est surtout un élève sérieux et ses notes de pensionnat le prouvent. Je ne citerai qu'un exemple : entre le 15 décembre 1917 et le 27 janvier 1918, il obtient 10/10 en piété, discipline, travail et courtoisie. Tout au long de ses études, il aura le souci de faciliter le calcul de ses moyennes scolaires.

Il grandit pendant que son pays est engagé dans la Première Guerre mondiale et que des centaines de milliers d'hommes partent au front. Les familles sont amputées, temporairement ou définitivement. À cette époque, un livre ne le quitte jamais, *La Guerre sur la mer*. Il se passionne pour les navires de guerre, les batailles navales, la stratégie militaire. Ce tout jeune homme est déjà un excellent joueur d'échecs et sans doute envisage-t-il les batailles navales comme des parties d'échecs particulièrement sophistiquées, où les bateaux ont leur dynamique propre et peuvent bouger d'eux-mêmes entre deux coups.

Il a quinze ans quand ses parents viennent s'installer à Rome dans un bel immeuble du quartier Salario, 37 viale Regina Margherita. Ettore peut quitter le pensionnat. La famille est à nouveau réunie. Il n'en a pas dix-sept lorsque, sa *Licenza Liceale* (son baccalauréat) en poche, il suit l'exemple paternel et entreprend des études d'ingénieur à l'université de Rome, où il obtient encore les meilleures notes possibles. Il a toutefois quelques faiblesses en dessin industriel et une absence quasi parfaite de sens pratique — on peine à se le représenter un tournevis ou une chignole à la main. Ses camarades, impressionnés, le surnomment le « grand consultant pour les problèmes difficiles ». Mais lui-même n'a de respect que pour un seul de ses professeurs, et pas le moindre : le mathématicien Tullio Levi-Civita, inventeur avec Gregorio Ricci du calcul tensoriel, qui permet de faire toutes sortes d'opérations : calculer, par exemple, une distance entre deux points sans avoir à préciser le référentiel spatio-temporel dans lequel ils se trouvent. Les autres professeurs lui apparaissent médiocres, ils se perdent dans un bataclan de détails assénés de manière péremptoire, au lieu d'insister sur ce qu'impliquent les principes les plus fondamentaux de la physique : le rôle des symétries, l'élégance des équations, les propriétés essentielles du réel. Le jeune homme veut avancer sur la crête de l'absolu. La surface des choses ne l'intéresse pas. Elle l'assomme même franchement.

Cette supériorité sur ses maîtres provoque des situations parfois cocasses, notamment durant les cours d'algèbre donnés par un certain Francesco Severi. Un jour que celui-ci s'est embarqué dans la démonstration d'un théorème et remplit le tableau noir, Ettore souffle à ses camarades que l'affaire ne pourra que mal finir car elle est trop mal engagée. Ils posent leur porte-plume et attendent la chute professorale. Deux minutes plus tard, Severi se retrouve en effet bloqué et son visage s'empourpre. « Majorana l'avait prédit », entend-on murmurer. Severi entend lui aussi et demande à cet élève qu'il ne connaît pas encore de venir au tableau. Ettore commence par effacer d'un geste rapide tout ce que le professeur avait écrit, puis rédige la bonne démonstration du théorème. Severi, humilié, ne le félicite même pas, pas plus qu'il ne cherchera à mieux le connaître.

Sur sa carte d'étudiant, Ettore est un jeune homme sage au visage long et aux joues plates, les cheveux lissés de part et d'autre d'une raie basse, impeccable. Mais ce qu'on ne cesse de remarquer et à quoi je ne cesse de revenir, ce sont ses yeux, noirs, étincelants — un regard trop présent pour ne pas être absent à la vie ordinaire. Un regard traversant, qui semble voir loin, au-delà des choses, au-delà du monde visible.

Ettore a toujours été mince, voire maigre, et je ne conçois pas que, dans l'hypothèse où il aurait longtemps survécu à sa disparition, il eût jamais pu devenir gros. L'ascèse et une sorte d'autocombustion semblent inscrites dans sa chair, lui intimant de mourir à la vie de son propre corps. Il n'a même jamais pratiqué aucun exercice physique. Mais comment peut-on, à cet âge, ne jamais éprouver le désir — ou tout simplement le besoin — de se dépenser, transpirer, sentir la vie couler en soi ou sous la forme de gouttes salées, de courir, gravir les montagnes, nager ? Rome est pourtant si proche de la mer. Ettore, lui, fume déjà comme un pompier des *Macedonia* vendues par paquets de dix.

De fait, il entretient avec son corps le même rapport qu'avec autrui : distant. Viscéralement réservé. Quant aux jeunes filles ? Rien. Du moins n'ai-je rien trouvé. Lui-même n'en parle pas, n'en parle jamais. Il est irréductiblement ailleurs, loin des plaisirs ordinaires qui confortent le sens d'une vie humaine — un sens auquel il semble ne pas avoir accès. De cette carence il est douloureusement conscient. Mais il est capable de fanfaronner en évoquant les choses les plus profondes et les plus tragiques. Il a seulement vingt et un ans lorsqu'il écrit cette lettre à son ami Gaston Piqué.

Cher Gaston,

[...] *je ne t'ai pas écrit plus tôt parce que la hâte ne me plaît pas, surtout dans certaines choses. Tu dois savoir que je me suis adonné au plus scientifique des passe-temps : je ne fais rien et le temps passe de la même façon. En réalité, je m'occupe d'une quantité de choses incroyable, mais s'agissant de méprisables faits de pensée, et non de faits empiriques, mieux vaut réajuster.*

Si je n'ai pas d'accident d'ici là, je viendrai dans quelques jours. Ne crois pas qu'il soit impossible qu'il m'arrive un accident dans la fleur de l'âge ; au contraire, ça me semble même très vraisemblable. Je suis depuis ma naissance un génie obstinément précoce ; le temps et la paille[1] *ne sont d'aucune utilité et ne le seront jamais, et la nature ne sera pas mauvaise au point de me faire mourir prématurément d'artériosclérose.*

Bien que soit vaste et insondable mon mépris pour tout le monde sublunaire, ce n'est pas sans jubilation que je m'apprête à franchir le seuil de la petite salle

1. Allusion au proverbe italien « Con il tempo e con la paglia maturano le nespole », qui signifie : une fois les nèfles récoltées, il faut les faire mûrir longuement dans des caisses recouvertes de paille avant de pouvoir les manger.

renommée de la via Montecatini[1]*, ni sans tremblement que je boirai le calice amer, jusqu'à la dernière goutte.*

Affectueusement.

ETTORE[2].

Majorana le sait. Son destin est celui d'une étoile incendiée, d'une comète à la frontière des mondes sublunaire et supralunaire.

En attendant, il étudie à l'université, où il fait une rencontre capitale : Emilio Segrè, avec lequel il se lie d'amitié. Emilio est un Italien comme on les imagine : enjoué, blagueur, sensible au beau sexe. Il est aussi très doué. Ils sont dans la même classe et ils ont le même âge, le bel âge : vingt ans. Savent-ils déjà qu'ils ne termineront pas leurs études d'ingénieur ? Ils étudient la physique expérimentale, la thermodynamique, les circuits électriques, les systèmes de communication, les lois de la mécanique rationnelle et sans doute un peu de chimie. Mais un matin de juin 1927 leur destin va basculer. Ce jour-là, Emilio est survolté. La veille, il a assisté à une conférence du physicien Enrico Fermi sur la physique quantique, qui se forma-

1. Il s'agit du bar *Il Faraglino*, à Rome.

2. Lettre du 17 octobre 1927, *in* Erasmo Recami, *Il Caso Majorana*, Milan, Arnoldo Mondadori, 1987, p. 88. La plupart des extraits de lettres cités dans l'ouvrage ont été traduits par l'éditeur.

lise à grands pas dans un tout petit nombre de laboratoires, en Autriche, en Allemagne, en Angleterre, au Danemark et aux Pays-Bas. Un nouveau continent s'est ouvert. Une autre vie est possible, a songé Segrè. « Il est évident, dit-il à Majorana, que Fermi sait de quoi il parle. »

Et pour cause.

3

« I RAGAZZI DI VIA PANISPERNA »

> Je constatais que je ne ressemblais à personne et que personne ne me ressemblait. Je me disais : « Je suis seul, tandis qu'eux, ils sont tous ! »
>
> DOSTOÏEVSKI

Dès l'âge de dix-sept ans, Enrico Fermi s'est inculqué, sans aide aucune, l'essentiel de la théorie de la relativité générale qu'Einstein vient tout juste d'élaborer. La gravitation n'est plus une force s'exerçant à distance entre les corps, contrairement à ce qu'avait pensé Newton, mais une déformation géométrique de l'espace-temps lui-même.

Fermi a vingt-deux ans lorsque, diplômé de l'École normale supérieure de Pise, il décide de quitter la Péninsule pour poursuivre son apprentissage en physique quantique auprès des meilleurs : Max Born et Werner Heisenberg, à l'université de Göttingen ; Paul Ehrenfest et un certain Albert Einstein, à l'université de Leyde. Durant un an, Fermi se familiarise avec le monde de l'infiniment petit. À l'échelle microscopique, la matière se « déchosifie », au sens où les particules n'ont aucune des caractéristiques des objets ordinaires : elles ne sont pas précisément localisées dans l'espace, ne sont ni impénétrables ni solides, n'ont ni texture ni forme définies. De quoi fasciner ceux qui aiment les idées authentiquement neuves et les révolutions conceptuelles.

Le jeune homme impressionne tous ceux qui le croisent : il est doué aussi bien pour la théorie que pour l'expérimentation. Ce qui lui vaut, à vingt-cinq ans, d'être nommé professeur de physique théorique à La Sapienza, l'université de Rome. Le comité de sélection est présidé par Orso Mario Corbino, détenteur de la chaire de physique expérimentale, mais aussi figure politique : il est sénateur et membre du cabinet de Mussolini, le seul à ne pas avoir sa carte du parti fasciste. Ce petit homme plein de vigueur, très préoccupé par l'étiolement de la physique en Italie, demande à Fermi de diriger les recherches de l'Institut de physique.

En septembre 1926, Fermi en prend les rênes. Très vite, il quitte l'enceinte de l'université pour installer confortablement l'Institut dans un élégant bâtiment du XIXe siècle au 89/A de la via

Panisperna, à l'époque quartier des bordels romains. En 1927, ils sont à peine une poignée à y travailler. Enrico Persico, ami d'enfance de Fermi, Franco Rasetti et Edoardo Amaldi y mènent de remarquables travaux en physique atomique et moléculaire, une discipline encore plus jeune que ceux qui l'inaugurent.

Aller via Panisperna, c'est la première chose que j'ai faite en arrivant à Rome, le 7 mars 2013. L'Institut est situé sur la colline du Viminal, pas très loin du forum impérial, dans le quartier de Monti. J'ai marché du forum jusqu'à l'Institut en longeant des rues qui déversent des guirlandes de lierres et de glycines en bourgeons, quelques cafés, des boutiques d'antiquaires, des échoppes d'artisans. Peu de voitures, le calme et la douceur, un temps suspendu, et pourtant la ville. Exactement le genre de rue où j'aimerais habiter. Et sans doute n'a-t-elle guère changé depuis l'époque des *ragazzi*. Elle descend puis remonte symétriquement, presque en ligne droite — on dirait un V grand ouvert. En haut, à l'adresse de l'Institut, je me suis retrouvé face à la porte d'entrée… du ministère de l'Intérieur, qui a pris ses quartiers sur cette colline. Mais depuis quand ? Je cherche l'ombre résiduelle d'un homme et voilà que je tombe sur le ministère qui a lancé l'avis de recherche après sa disparition, en avril 1938 ! Le vigile n'a pas voulu me laisser entrer, malgré de longs pourparlers et mes couplets dithyrambiques sur son célèbre compatriote. Il s'est contenté de me sourire comme quelqu'un qui comprend, qui voudrait, mais ne peut pas.

L'Institut est à présent cerné par des bâtiments administratifs qui oblitèrent une partie de la perspective. Il est en réfection. De là où je suis, j'aperçois sa façade, emballée dans de grands filets. On dirait un vilain Christo. L'occultation du lieu le décharge de sa puissance symbolique, coupe net le fil temporel qui me relie à Majorana. Je suis dépité. Je me réfugie dans un café aux murs vieillis, la *bottiglieria* Ai Tre Scalini. J'interroge la serveuse, et « oui, me répond-elle, c'est bien l'endroit que fréquentaient les *ragazzi* », Fermi en tête. Je commande un second verre de Marsala. J'ai envie de rêver, d'entendre leurs querelles et leurs bouffonneries.

Heureusement, il me reste les photos et les témoignages. Derrière tous ces filets, je sais qu'il y a une imposante villa de trois étages avec des volets à jalousie. Construite en 1880, sur le terrain de deux anciens couvents, elle est entourée d'un magnifique jardin aux allées bordées de palmiers et de bosquets de bambous. On y entend l'eau s'écouler, comme dans tout jardin à l'italienne. Une fontaine, un bassin, des nénuphars et, plus surprenant, des poissons rouges. Des dizaines de poissons rouges auxquels Franco Rasetti, sans doute soucieux de développer les liens entre la physique et la biologie, avait ajouté des salamandres. Il y avait même carrément installé un élevage.

Mais ce n'est pas le lieu qui a séduit le jeune Segrè lors de cette conférence de juin 1927, c'est l'envergure de Fermi. La physique quantique lui donne envie d'abandonner ses études d'ingénieur et il s'octroie quelques semaines de réflexion. Coïncidence heureuse : encouragé et aidé par Corbino, Fermi vient justement de lancer une campagne de recrutement car il veut s'entourer des étudiants les plus prometteurs d'Italie. Ailleurs, tout va très vite et il le sait. Les principes qui gouvernent l'atome et ses constituants se dévoilent : le Français Louis de Broglie vient d'énoncer le principe de dualité entre l'onde et le corpuscule ; le Viennois Wolfgang Pauli, son principe d'exclusion ; l'Allemand Werner Heisenberg, son principe d'indétermination ; le Danois Niels Bohr, son principe de complémentarité. Fermi veut que l'Italie comble son retard. Elle s'est beaucoup reposée sur ses lauriers, qui s'appellent Galilée, Volta et Marconi. L'Institut de physique doit devenir un centre de renommée internationale. Pour cela, il a besoin de former un groupe vivant, solidaire, productif, une sorte de famille. Il est pressé de constituer sa *dream team*, mais soucieux de ne pas se tromper. Alors il fait passer des tests à sa façon, qui s'étalent sur plusieurs mois s'il le faut et à l'issue desquels il tranche en laissant parler aussi son intuition.

C'est durant cet été 1928 que Fermi et Segrè vont pouvoir se jauger, s'éprouver. Certaines situations ne trompent pas : tous deux sont d'excellents alpinistes et ils partent en randonnée dans les Dolomites, escaladent les tours de Vajolet, le Sassolungo, des sommets rocheux sans neige ni végétation, et vont gravir le Gran Sasso, point culminant des Abruzzes, ou le Monte Aquila. Ils vont nager et deviser sur les plages d'Ostia Antica et de Sperlonga. « Nous allâmes à plusieurs reprises au bord de la mer ou en montagne, raconte Segrè. Alors, Fermi me testait en me soumettant des problèmes. Un jour, il me demanda : “Eh bien, comment ferais-tu ceci ?” Il tenait une corde assez lourde, qui se balançait, fixée à un bout, et il fallait que j'en étudie les oscillations. Il voulait savoir s'il avait trouvé quelqu'un à faire entrer en physique. Je le flairais aussi, plus ou moins. C'était un processus réciproque[1]. » Finalement, Fermi propose à Segrè d'intégrer son groupe et n'aura pas à le regretter : son poulain obtiendra le prix

1. Emilio Segrè, *Entretiens*, déposés au Center for History of Physics à l'American Institute of Physics, New York, p. 2.

Nobel de physique[1] en 1959 pour la découverte de l'antiproton.

Quelques semaines après son admission dans le groupe des *ragazzi*, Segrè parle de Majorana à Fermi : son ami est un prodige, lui dit-il tout simplement. Et il suffira d'une seule rencontre pour que Fermi en soit convaincu. À la vérité, c'est lui, le patron de l'Institut, qui va passer un test.

Il travaille alors sur un modèle théorique simplifié de l'atome qui prendra par la suite le nom de « modèle de Thomas-Fermi ». Lors de leur première conversation, il en expose les grandes lignes à Majorana et lui montre les tirés à part de ses derniers travaux sur le sujet. Il cherche à résoudre un problème crucial : dans tout atome, des électrons de charge négative tournent autour du noyau de charge positive ; chacun d'eux est donc électriquement attiré par le noyau et repoussé par chacun des autres élec-

1. Emilio Segrè a apporté deux contributions majeures en physique nucléaire. En 1937, il découvrit le technétium, le premier élément chimique (de numéro atomique 43) à avoir été produit artificiellement (*technetos* veut dire « artificiel » en grec). En 1955, avec l'aide d'Owen Chamberlain, il utilisa le tout nouvel accélérateur de Berkeley, le Bévatron, pour projeter des protons de haute énergie sur une cible fixe. Grâce à un astucieux dispositif de détection, les deux physiciens purent prouver que de ces collisions émergeaient des antiprotons, dont l'existence, jusqu'alors hypothétique, fut ainsi démontrée. Chamberlain et Segrè furent les deux lauréats du prix Nobel de physique en 1959.

trons. Comment calculer la résultante de toutes ces forces, qui détermine le niveau d'énergie de l'électron ? Le calcul exact étant impossible — trop de particules en mouvement sont en jeu —, Fermi fait l'hypothèse que tout se passe à peu près comme si le potentiel électrique qui induit la force agissant sur chaque électron était le potentiel *moyen* créé par le noyau et les autres électrons. Une espèce de nuage de charges électriques extrêmement mobiles, dont l'effet global sur l'électron doit pouvoir être calculé plus facilement. En une semaine, à l'aide de sa Brunsviga noire, la meilleure machine à calculer de l'époque, Fermi a seulement pu obtenir quelques-unes des valeurs numériques de ce potentiel moyen, dont l'intensité varie avec la distance au noyau. Il les a minutieusement rassemblées en un tableau de nombres qu'il montre au nouveau venu.

Majorana l'écoute attentivement, pose quelques questions, puis tourne les talons sans manifester ses pensées ni ses intentions. Le lendemain, il se présente de nouveau à l'Institut, entre directement dans le bureau de Fermi et, sans aucun préambule, le prie de lui remontrer le tableau des valeurs numériques. Il sort alors de sa poche un petit papier sur lequel il a griffonné un tableau analogue, mais complet. Incroyable ! Il l'a établi en une nuit, avec son seul cerveau pour calculatrice, grâce à une ruse élégante : il a transformé (je le précise pour les spécialistes, qui, j'en suis sûr, apprécieront) l'équation différentielle de Fermi, qui est du deuxième ordre et non linéaire, en une équation de Ricatti, plus facile à résoudre car intégrable. Majorana compare les deux tableaux et, constatant que leurs parties communes concordent parfaitement, annonce au maître des lieux que ses calculs sont… justes ! L'histoire ne dit pas comment Fermi prit la chose, mais il accueille à bras ouverts cet impudent qui s'ignore.

Trois mois plus tard, Majorana a pris sa décision, il se consacrera à la physique atomique. Il pressent qu'elle permettra d'aller, selon ses propres mots, « jusqu'à l'ultime racine des faits naturels ». Il abandonne à son tour les études d'ingénieur et rejoint le groupe des *ragazzi di via Panisperna*, qui déborde de vitalité et d'enthousiasme. Ils ont la chance d'avoir un mentor qui sait ouvrir de nouvelles voies, entreprendre, convaincre, diriger.

Si petite soit-elle (selon les critères actuels), l'équipe de Fermi rassemble désormais les compétences nécessaires pour apporter des contributions décisives en physique atomique expérimentale. C'est là que Majorana fait la connaissance de celui qui deviendra son plus proche ami : Giovanni Gentile Jr., frais émoulu de l'École normale supérieure de Pise. Ils ont vingt-deux ans, sont nés à un jour d'écart et tous deux issus de grandes familles intellectuelles siciliennes — de quoi créer des affinités. Mais le père de Giovanni n'est pas ingénieur, il est philosophe, spécialiste de Hegel. Et c'est un personnage public, un des membres les plus influents du parti fasciste.

Chaque jour, en fin d'après-midi, dans une petite salle du premier étage, Fermi, à peine plus âgé que ses jeunes collaborateurs, organise des séminaires informels, plutôt que de véritables cours, sur les sujets les plus divers et les plus novateurs : théorie du corps noir, analyse tensorielle, équation de Schrödinger, mécanique des matrices de Heisenberg, spectroscopie atomique, théorie de la dispersion en optique, théorie de Dirac sur le spin de l'électron, tout y passe en bonne et due forme.

Il est le premier physicien d'Italie à avoir pris au sérieux la mécanique quantique et la théorie de la relativité d'Einstein. Il veut les exposer sous tous leurs aspects aux membres de son groupe. Sa pédagogie est à la fois lumineuse et pragmatique : il va droit au but et parvient à expliquer les choses en ne sollicitant que le minimum d'appareillage mathématique. Ses outils ? Une craie, un tableau noir et un chiffon. (J'aurais tellement aimé faire partie de cette bande de joyeux cadors, ne fût-ce que pour leur apporter le café !)

Majorana assiste aux cours de Fermi et il lui arrive de se montrer critique — avec le temps, ce sera de plus en plus fréquent. Comment être l'élève d'un maître qu'on surpasse en puissance et en vitesse de calcul, qu'on dépasse déjà ? Dès son intégration, il a perfectionné le modèle de Thomas-Fermi et l'a même étendu aux atomes qui ont perdu un électron. Parfois, au beau milieu d'un exposé, on l'entend soupirer : « C'est en dessous de ma dignité ; pourquoi devrais-je entendre ces choses-là ? »

Les autres ne pourraient guère en dire autant. Ils ont beau se familiariser progressivement avec le formalisme naissant de la physique quantique et reconnaître son efficacité opératoire, la plupart sont déconcertés par tant d'abstraction. Ils doivent s'accrocher. Ces jeunes physiciens sont de remarquables ingénieurs, des expérimentateurs de haut vol, en somme des bricoleurs inspirés, mais cette nouvelle physique leur paraît trop contraire au bon sens. Et, lorsqu'une théorie est si éloignée du monde empirique, lorsque ses concepts sont si différents des concepts classiques, n'est-ce pas plutôt de foi qu'il s'agit ? Très vite ils surnomment Fermi le « Pape », car il est le seul à vraiment maîtriser la nouvelle théorie, et promeuvent Franco Rasetti, son bras droit, « Vicaire Cardinal ». Curieusement, ce Vicaire Cardinal qui prétend ne pas comprendre grand-chose à la physique de l'atome est pourtant amené à remplacer le Pape lorsqu'il s'absente. Majorana devient le « Grand Inquisiteur », car il est le seul à pouvoir parler d'égal à égal avec le Pape. La présence du Vatican se fait décidément sentir… Le caractère colérique d'Emilio Segrè lui vaut d'être surnommé le « Basilic », du nom de ce serpent légendaire dont le regard réduit en cendres ceux qui osent l'offenser. Les jours tranquilles, il se réhumanise en « Préfet de la bibliothèque ».

Un beau jour d'avril 1928, Enrico Persico arrive en trombe dans la salle de physique expérimentale, peuplée de fours, de becs bunsen, de voltmètres, d'ampèremètres, d'aimants, spectromètres, lampes à décharge et à vapeur de sodium. Il revient de Turin, porteur de nouvelles alarmantes : « Là-bas, personne ne croit à la physique quantique ! Tout le monde la tient pour contraire aux vérités établies ! » Le Pape s'inquiète, le nomme sur-le-champ « Cardinal responsable de la propagation de la foi » (*Propaganda Fide*) et le charge de prêcher la nouvelle théorie auprès des incroyants.

Persico part donc donner des cours de physique quantique à l'université de Turin. Quelques semaines plus tard, il adresse à Fermi, en guise de compte rendu officiel, un long poème qui s'ouvre ainsi :

Ils croient avec une foi sincère et profonde
Devant laquelle la raison désormais s'incline
Que la lumière est onde et corpuscule
Et qu'il en va de même pour l'électron.

Tel est l'un des nombreux dogmes
Que j'ai enseignés aux infidèles
Avec des exemples, pour les mieux convaincre,
Que j'ai tirés des Saints Évangiles...[1].

Sa mission a été manifestement couronnée de succès... Et Fermi a atteint son premier objectif : constituer une équipe dynamique, solidaire et facétieuse.

Il règne à l'évidence une belle ambiance à l'Institut. Le soir, avant le dîner, on marche jusqu'à la Villa Borghese pour aller boire du vin et manger des glaces à la Casina delle Rose, ou jusqu'au Café Faraglino. On rit, bien sûr, on regarde les filles. Et quelque chose se passe : Majorana parle. Il parle sans réserve, mais de Shakespeare et Pirandello, ou de philosophie. Tous se passionnent pour l'expédition d'Umberto Nobile (un Italien !) dans le Grand Nord, une aventure à la Jules Verne qui tient la Péninsule en haleine.

Durant trois mois, les *ragazzi* vont commen-

1. Laura Fermi, *Atomes en famille, mon existence avec Enrico Fermi*, Paris, Gallimard, 1955, p. 64. Les « Saints Évangiles » dont il est ici question sont un manuel de physique quantique qu'Enrico Persico avait rédigé et qui fut par la suite traduit en anglais.

ter ce feuilleton quotidien : parti le 15 avril 1928 de Milan, le dirigeable l'*Italia* atteint le Spitzberg quelques semaines plus tard, puis repart pour le pôle Nord, où de très mauvaises conditions météorologiques empêchent son atterrissage. Il n'y a qu'une solution : rentrer. Mais une violente tempête se lève et la nacelle heurte la glace. Dix hommes, dont Nobile, sont projetés au sol tandis que le dirigeable reprend de la hauteur, emportant avec lui les autres membres de l'équipage, et disparaît sans laisser de trace. Les survivants sont plus chanceux : ils disposent du matériel tombé lors de l'impact — de la nourriture, une radio et une tente — qui leur permettra de survivre durant sept semaines, jusqu'à l'arrivée des secours. Nobile sera sauvé grâce à un petit avion suédois qui parvient à se poser sur le lieu de l'accident. Mais, en revenant chercher les autres membres de l'expédition, l'avion s'écrase et son équipage reste prisonnier de la banquise. Le célèbre explorateur norvégien Roald Amundsen, qui a pris part aux recherches, trouve lui aussi la mort. Au total, sept membres de l'équipage de l'*Italia* ont péri.

L'époque est à l'exploration tous azimuts. Via Panisperna, c'est une autre espèce d'argonautes qui s'active avec passion. Le groupe s'étoffe et se diversifie, accueillant une nouvelle recrue après l'autre. Il y a les expérimentateurs, très ingénieux — Edoardo Amaldi, Enrico Persico,

Emilio Segrè —, et les théoriciens, très imaginatifs — Ugo Fano, Giovanni Gentile Jr., Ettore Majorana, Bruno Pontecorvo, Giulio Racah, Franco Rasetti, Gian Carlo Wick... La fièvre est contagieuse, collective. Ils pensent et travaillent avec acharnement, mais sans moyens comparativement à ceux dont les physiciens disposeront après la Seconde Guerre mondiale : c'est à la main qu'ils effectuent la plupart de leurs calculs, par lettres ou cartes postales qu'ils correspondent, en train qu'ils parcourent l'Europe, en bateau qu'ils traversent les mers et les océans. Pas d'accélérateurs de particules ni de satellites, pas d'ordinateurs ni de courriers électroniques.

En clair, tout cela se passe juste après l'extinction des dinosaures.

4
L'ŒIL SUR L'INVISIBLE

Ma brièveté est sans chaînes.

RENÉ CHAR

Quand Majorana est dans les murs de l'Institut, les règles à calcul, les tables de logarithmes, l'écriture de colonnes de chiffres, tout cela devient inutile. On entend les *ragazzi* l'interpeller : « Ettore, tu veux bien me dire quel est le logarithme de 1,802 ? Ettore, s'il te plaît, le produit de la racine carrée de 1 958 par le cube de 137, ça fait combien ? Ettore, l'exponentielle de 2,36, ça donne quoi ? Et quand on l'élève au carré ? » Il est même capable d'effectuer en vingt ou trente secondes le calcul exact d'intégrales définies suffisamment compliquées pour demander à un mathématicien habile un nombre important d'étapes. À ce don pour le calcul s'ajoutent une mémoire prodigieuse et une aptitude démentielle pour l'abstraction.

Chaque matin, Ettore prend le tramway en contrebas de l'appartement familial, sur le viale Regina Margherita. Il a beau être entouré de gens qui ne manquent pas de se saluer, de s'enquérir de la scolarité du *bambino*, de l'état de santé des parents, des saveurs du dîner de la veille (on est à Rome...), il est dans son monde. Cet homme pâle et frêle ne prête aucune attention à l'agitation ni aux rires. Il réfléchit, le front plissé. C'est un insulaire parmi les continentaux, un Sicilien chez les Romains. Au royaume de l'art et de la sensualité, il vit pour et par les équations. « Souvent, une nouvelle idée lui vient à l'esprit, ou la solution d'un problème difficile, ou l'explication de certains résultats expérimentaux qui avaient jusque-là semblé incompréhensibles, confiera l'épouse du Pape[1]. Il fouille alors dans ses poches, en sort un crayon et un paquet de cigarettes sur lequel il griffonne d'absconses formules. Une fois descendu du tramway, il s'en va, très absorbé, la tête baissée, tandis qu'une grosse mèche de cheveux noirs et en désordre retombe sur ses yeux. Dès son arrivée à l'Institut, il se met à la recherche de Fermi ou de Rasetti et, son paquet de cigarettes à la main, leur explique son idée. »

Et, chaque matin ou presque, Fermi et Rasetti

1. Laura Fermi, *Atomes en famille, mon existence avec Enrico Fermi, op. cit.*, p. 62-63.

l'approuvent, s'enthousiasment, l'encouragent à publier. Tandis que lui se renferme, allume une nouvelle cigarette, bredouille que ce ne sont que des jeux d'enfant, que ce n'est même pas la peine d'en discuter. La seule perspective que des inconnus puissent mettre le nez dans ses pensées le répugne. Dès qu'il a fumé l'ultime cigarette du paquet griffonné, il le jette dans la première corbeille à sa portée, non parce qu'il ne compte plus se servir des formules, mais parce qu'elles sont désormais gravées dans sa mémoire.

Ainsi Majorana n'a-t-il aucun goût pour la publicité. Est-ce un réflexe d'aristocrate, un besoin de passer inaperçu ? Impossible à déterminer. Il est cependant capable de rédiger des documents en bonne et due forme. Et il a même du style. Le 6 juillet 1929, un an à peine après l'avoir commencée, il soutient à l'université de Rome sa thèse de doctorat consacrée à la radioactivité alpha. En Italie, c'est la première fois qu'on applique les lois de la physique quantique au noyau de l'atome, un objet encore très mal connu.

Majorana s'est fondé sur les calculs réalisés quelques mois plus tôt par un physicien russe à peine plus âgé que lui, George Gamow, qu'il a retravaillés sur des bases plus rigoureuses et auxquels il a donné une plus grande portée.

La radioactivité alpha concerne certains noyaux atomiques lourds qui ont emmagasiné trop d'énergie au moment de leur formation, lors de l'explosion d'étoiles très massives — précisons qu'à l'époque personne ne connaissait ce processus de formation. Or un système a toujours tendance à se débarrasser de son excédent d'énergie, et cette tendance le rend provisoirement instable. Si la pomme de Newton finit par tomber, n'est-ce pas parce qu'en diminuant son altitude elle rejoint un état plus stable, dans lequel son énergie potentielle est plus faible ? De la même façon, les noyaux trop lourds sont condamnés à évacuer leur trop-plein d'énergie, ce qu'ils font tôt ou tard en expulsant un noyau d'hélium appelé « particule alpha ». Finalement, ce type de radioactivité apparaît comme le meilleur moyen qu'a trouvé la nature pour traiter le problème de l'obésité congénitale dans le monde des noyaux atomiques.

Mais le mécanisme de cette radioactivité est incompréhensible dans le cadre de la physique classique. Et c'est là que Gamow et Majorana franchissent un seuil. Selon les lois classiques, il est impossible qu'une particule alpha sorte d'un noyau atomique, qui représente pour elle une cuvette aux parois infranchissables, autrement dit une « barrière de potentiel ». Ce que Gamow comprend et que Majorana démontre formellement, c'est qu'une telle interdiction peut être déjouée par les lois quantiques. Appliquées à une particule alpha prétendument prisonnière d'un noyau, elles lui permettent d'apparaître… à l'extérieur du noyau ! Elles lui offrent en effet une probabilité non nulle de traverser la barrière de potentiel. Initialement confinée, la particule alpha se déplace très vite, ne cesse d'abord de se cogner et de rebondir sur la paroi intérieure du noyau ; puis, après de multiples tentatives infructueuses, profitant du jeu des probabilités et de la multiplicité des occasions, elle finit par passer au travers — d'où le terme d'« effet tunnel » inventé par Gamow. Un dé qu'on lance et relance ne finit-il pas toujours par tomber sur le six ?

Majorana soutient sa thèse devant un jury présidé par Fermi : il obtient la note de 110/110, avec toutes les félicitations imaginables. Pour lui, c'est un exercice comme un autre. Lui dont l'univers est définitivement exotique.

Les équations sont pour Majorana des corps palpables, des sirènes auxquelles il a choisi de succomber et avec lesquelles il cohabite dans un entre-deux-mondes. Elles sont les seuls objets qui ne soient pas chimériques. Le réel, le vrai, n'a rien à voir avec ce qui est concret et se laisse atteindre par des mathématiques très sophistiquées. La chair, la vraie, ne semble présenter pour lui aucun intérêt. Pas même en rêve ? me suis-je souvent demandé. Chez lui, le désir sexuel semble s'être transmué en autre chose, orienté vers d'autres directions. Ce n'est certainement pas le bonheur ordinaire qu'il vise, ce « dieu des sots » dont parle Balzac. Majorana brûle, il brûle même intensément, mais pas pour des objets visibles.

Il a compris une chose essentielle ; il n'y a finalement que deux grandes possibilités de contact avec la réalité matérielle : le contact brut, direct, qui bute sur les choses, les soupèse et en infère leurs diverses propriétés ; et le contact « en miroir », qui, par un jeu de correspondance entre le visible et l'invisible, remplace la présence des choses par leur mise en concepts. C'est cette seconde sorte de contact, consistant à doubler la réalité matérielle par autre chose que son apparence première, à la sublimer en un jeu d'équations incompréhensibles pour le commun des mortels, qui donne toute sa puissance opératoire à la physique. Celle-ci vise à proposer de la matière concrète une représentation abstraite qui permettra, en retour, à l'issue d'une sorte de galipette, de la saisir en ce qu'elle est vraiment. En définitive, nos sens ne nous apprennent rien sur ce qui se trame en profondeur dans la matière, à l'abri de nos grossiers percepts.

Tandis que ses collègues sont présents à l'Institut du matin au soir, Majorana n'y reste que deux ou trois heures par jour et sait cependant tout ce qui s'y passe. Lui qui n'a aucun sens pratique, qui est une caricature de théoricien pure souche, qui ne participe jamais à la moindre réalisation expérimentale, connaît parfaitement les résultats importants des expériences menées par les *ragazzi* et dans les autres laboratoires de physique européens. Il fréquente surtout la grande bibliothèque, où il trouve toutes les revues et les ouvrages qui comptent, y compris les plus récents. Il s'assoit au bout d'une immense table ovale, travaille seul, lit beaucoup, assimile à une vitesse stupéfiante les articles révolutionnaires de Paul Dirac et Hermann Weyl, les deux seuls physiciens qu'il admire parce qu'ils ont compris avant les autres l'importance du concept de symétrie en physique.

Il saisit également que l'outil théorique le mieux adapté pour tirer parti des symétries d'un système est la théorie des groupes, laquelle est ignorée ou jugée comme une pure construction mathématique par la plupart des physiciens. Lui va l'apprendre avec une rapidité déconcertante. Le 22 décembre 1929, il écrit ironiquement à Giovanni Gentile Jr. : « Quant à moi, je ne fais rien de sensé puisque j'étudie la théorie des groupes avec la ferme intention de l'apprendre, semblable en cela à ce héros de Dostoïevski qui, un beau jour, commença à mettre de côté de la menue monnaie, persuadé de devenir rapidement aussi riche que Rothschild[1]. »

1. Lettre citée par Charles Alunni, « Ettore Majorana et la philosophie », *in Revue de synthèse*, tome 134, 6e série, n° 1, 2013, p. 53-73.

Lorsque Majorana se met à discuter vraiment de physique théorique, les *ragazzi* sont vite dépassés. Ses recherches personnelles les plus avancées utilisent des concepts qu'ils connaissent mal. S'il développe les implications épistémologiques ou métaphysiques de la physique quantique, plus personne, pas même le Pape, ne peut le suivre et encore moins le comprendre. Les physiciens de Rome sont plutôt des empiristes, des « ingénieurs quantiques », pour reprendre une expression de Wolfgang Pauli à propos d'Enrico Fermi. Ils se méfient des spéculations trop audacieuses, surtout lorsqu'elles se teintent de philosophie ou, pis, de métaphysique. Ils affectionnent les problèmes concrets, définis, non les développements sur les kantismes de Gauss ou d'Einstein, les rapports entre la physique et le réel, entre les théories mathématiques et la connaissance… Ils sont attachés au comment des choses, quand Majorana ne peut s'empêcher de réfléchir au comment du comment. Et il déplore que de tels sujets de conversation soient inenvisageables, que la communication soit alors impossible, même par effet tunnel : « Si, avec un peu de courage, écrira-t-il à Gentile Jr., je m'étais mis à parler de ces choses, je n'aurais plus eu qu'à accomplir le geste de Boltzmann : me suicider[1]. » Il est un

1. Cité par Mario Castellana, *in Revue de synthèse* : tome 134, 6e série, n° 1, 2013, p. 127.

singleton isolé dans un ensemble qui ne lui ressemble pas.

Comme Arthur Rimbaud ou Évariste Galois, il est doué, monstrueusement doué. C'est un « effrayant génie », pour paraphraser Chateaubriand évoquant Blaise Pascal. C'est bien simple : les autres cherchent quand lui trouve. « Pour eux, la science est un fait de volonté, pour lui, un fait de nature[1]. » La physique théorique est pour lui ce que la respiration est pour tout un chacun : une fonction naturelle.

Lorsqu'il est concentré, lorsqu'il fait corps avec ses pensées, Majorana semble inaccessible, séparé du monde par un mur de verre. Il faut le voir noircir des pages de son écriture serrée, son regard magnétique entièrement tendu vers l'exactitude. Sur la page, les choses avancent, sans soubresaut ni extase. Elles adviennent d'elles-mêmes, sans pause ni hésitation, tel un fluide incompressible, ou plutôt comme une musique de chambre que ses mains interprètent magistralement.

J'ai parcouru, ébahi, des centaines de pages de calculs que Majorana a écrites dans d'innombrables petits cahiers, les *Volumetti* aujourd'hui rassemblés à la bibliothèque Domus Galilaeana de Pise, sans pouvoir deviner le geste intellectuel qui les a initiés. J'en ai vu le résultat, qui

1. Leonardo Sciascia, *La Disparition de Majorana*, *op. cit.*, p. 27.

est sans ratures ou presque. Aujourd'hui encore, des chercheurs viennent déchiffrer ces petits trésors, dans l'espoir, peut-être, d'y trouver une idée ou un calcul inédit, une source d'inspiration par procuration.

Tout découvreur est certes un lacis compliqué d'impulsions et de stimulations très diverses, mais il est difficile de voir en quoi la vie et l'œuvre de Majorana s'alimentent et s'éclairent. Elles sont deux droites parallèles, donc impossibles à entrecroiser. Ce scientifique qui a fort peu vécu a créé comme personne. Comment y est-il parvenu ? Il y a bien le mythe de l'Eurêka, cet instant de fulgurance joyeuse où l'intellect comprend, à l'issue de processus complexes qui laissent plus ou moins de place au hasard ou aux circonstances. Mais, chez Majorana, jamais d'euphorie ni d'ivresse. Juste l'introversion, l'austérité, l'exigence. Pas même le sentiment d'être au-dessus de la mêlée, d'être le seul à détenir la vérité sur un point. Un tel sentiment aurait pu apparaître en de multiples occasions ; pourtant, je n'en ai pas trouvé trace. Beaucoup plus tard, en 1984, son ami Gaston Piqué dira de Majorana qu'il était non seulement très modeste, mais aussi honnête, altruiste et généreux[1]. Ce cœur solitaire, qui ne transige pas sur la hauteur de vue, a l'affection rare et fidèle.

1. Voir la lettre qu'il a adressée au professeur Recami le 28 juillet 1984, *in Il Caso Majorana, op. cit.*, p. 86.

5

CALCULS AU BOIS DORMANT

> On verra des pages entières d'onomatopées, des cavalcades syntaxiques, des mêlées de plusieurs langues, et bien d'autres choses.
>
> HENRI MICHAUX

Majorana écrit beaucoup, énormément, mais il rechigne toujours à publier, même lorsque c'est Fermi qui insiste. Entre 1928 et 1932, seulement six articles sur la physique atomique et moléculaire paraîtront dans *Nuovo Cimento*, la meilleure revue de physique italienne, ou dans les comptes rendus de l'Academia dei Lincei.

Majorana n'aurait jamais supporté de travailler au sein du système actuel, celui du *publish or perish*, phénomène qui s'accélère dans des proportions impressionnantes. À ses yeux, la seule chose importante et digne, c'est savoir faire. Faire savoir, quelle vulgarité ! Je suis prêt à parier qu'il aurait volontiers fait sienne cette phrase de Louis Lachenal, le prince des Grandes Jorasses, à son retour de l'Annapurna : « La gloire ne devrait jamais être qu'une affaire privée[1]. »

À rebours d'une certaine idée de la modernité, chacun de ses textes semble dire : « J'attends, j'ai tout le temps. » En physique comme ailleurs, la patience est toujours du côté de l'œuvre.

Majorana est transgressif sans le vouloir. Ses idées scientifiques sont d'avant-garde ou se déploient hors des sentiers battus. Affaire de génie, c'est entendu, mais aussi de style : il atteint des profondeurs inégalées dans la compréhension des phénomènes physiques en y décelant des symétries exprimables par des structures mathématiques nouvelles.

À l'instar de Paul Dirac, ce jeune théoricien anglais en poste au collège Saint-John, à Cambridge, qui vient de publier une série d'articles éclairants sur les spécificités du formalisme quantique, Majorana est convaincu qu'une certaine austérité formelle régit l'économie de la nature, qu'il tente d'exprimer par des équations aussi universelles que possible. De belles et denses équations qui sont le seul moyen de débarrasser la physique des interprétations

1. Louis Lachenal, *Carnets du vertige*, Éditions Guérin, Chamonix, 2001, p. 274.

oiseuses ou logorrhéiques, qui permettent de toucher le réel en plein cœur. Majorana ne veut viser que l'architecture profonde du monde et sortir ainsi la matière de son drame superficiel. Pour cela, il érige l'esthétique au rang de principe méthodologique. C'est simple, croit-il : cherchez le beau et vous trouverez le vrai, le véritable « fond des choses ». « Mais, Madame, les choses ont-elles un fond ? » répliqua Bergson à une dame lui demandant s'il croyait « être vraiment allé au fond des choses » lors d'une conférence qu'il venait d'achever. À cette question Majorana aurait sans doute répondu par l'affirmative. Il aurait peut-être même ajouté que ce fond nous est intellectuellement accessible, grâce à l'exploitation mathématique de la notion de symétrie : intrinsèquement associée à l'idée d'invariance, elle permet de saisir ce qui est permanent dans le flux des phénomènes.

On peut en effet dire d'une chose qu'elle est symétrique si, après avoir été soumise à une certaine transformation (translation, rotation, réflexion dans un miroir...), son apparence n'est pas modifiée. Nous pouvons faire subir à une sphère une rotation de n'importe quel angle autour de n'importe quel axe passant par son centre sans la modifier et sans même changer sa position. La symétrie de la sphère se traduit par le fait que son équation est invariante, après toute rotation qu'on lui impose, et peu importe que la sphère ait changé de couleur ou de densité. En particulier, l'angle de la rotation n'y figure pas. Dans le monde des particules élémentaires, les symétries intéressantes opèrent au sein d'espaces que seuls les mathématiciens savent représenter et qui sont distincts de l'espace physique à trois dimensions. Ces symétries sont directement liées aux propriétés dynamiques des systèmes physiques, c'est-à-dire à leur façon de se comporter sous l'effet d'une force. Et il peut se révéler très fructueux de commencer par identifier les symétries fondamentales qui gouvernent les phénomènes, car elles sont à la source de quantités ou de structures invariantes, aptes à révéler le réel profond.

Avec Paul Dirac, Eugene Wigner et Hermann Weyl, Majorana amorce un mouvement qui marquera la physique du XXe siècle. La symétrie, dialectiquement associée à ses éventuelles brisures[1], deviendra un levier théorique très puissant, dont le boson de Higgs, qui a beaucoup fait parler de lui en juillet 2012, est le dernier avatar.

1. Certaines situations ne sont pas aussi symétriques que la façon de les décrire. Ainsi, en certains lieux, on trouve des jeunes filles en quête de mari et des maris en quête de jeune fille. Cette formulation laisse entendre qu'il existe une parité entre la quête des unes et celle des autres. Ce qui n'est pas le cas. Chercher une jeune fille, c'est chercher une jeune fille, et chercher un mari, c'est chercher un homme qui n'est pas (encore) un mari…

Dirac prédit même l'existence d'une nouvelle particule, symétrique de l'électron, qui sera par la suite dénommée positron. Il l'annonce dans un livre révolutionnaire, *The Principles of quantum Mechanics*. Au passage, rappelons qu'à l'époque l'électron et le proton étaient censés constituer toute la matière. Cet ouvrage connaîtra plusieurs éditions successives, dans lesquelles Dirac fera évoluer son interprétation, un peu comme Freud son *Interprétation du rêve*.

C'est lors de mon séjour romain que j'ai découvert la toute première édition de cet ouvrage, qui date de 1930. Le 9 mars 2013, j'ai rendu visite à Ettore Majorana Jr., qui habite via Salaria, à quelques pas de la Villa Borghese. Dans la chambre de son fils sont alignés sur les rayonnages d'une bibliothèque les ouvrages ayant appartenu à son oncle. Ettore Majorana Jr. en sort quelques-uns : *Science et Méthode*, de Poincaré, *Critique de la raison pure*, de Kant, *Feu Mathias Pascal* et *Six personnages en quête d'auteur*, de Pirandello, et ce fameux livre de Dirac que je feuillette avec une précaution quasi religieuse. C'est la première fois que je tiens un objet ayant appartenu à Majorana. Il y a écrit son nom au crayon sur la première page, mais l'ouvrage est intact : aucune annotation, pas de page cornée. J'ai l'impression de toucher une relique et je prends une photo. Dirac est une sorte de frère de Majorana, presque un double : jamais de fioritures dans la façon de dire, d'argumenter, de calculer. Ces deux-là ont un faible pour la sobriété éloquente, l'élégance discrète. Ils donnent l'impression d'inventer les mathématiques dont ils ont besoin à mesure qu'ils avancent, de construire l'arsenal indispensable, ni plus ni moins.

Ettore Majorana Jr. se montre chaleureux alors qu'il sait encore si peu de choses de moi et de mon projet. Il me demande si j'ai une « personal theory » sur son oncle. Je lui réponds que je n'en ai aucune, ni sur sa disparition ni sur sa nature profonde. Je le devine fatigué par toutes les hypothèses qui ont pu se dire et s'écrire depuis quarante ans et dans lesquelles je trouve moi aussi rarement mon compte. Il m'arrive même de tempêter. Chaque fois, l'envergure scientifique est soulignée, jamais elle n'est exposée, comme si la disparition de l'homme avait englouti l'œuvre du chercheur. Je sens Ettore Majorana Jr. vulnérable mais confiant, ouvert. Serais-je l'étranger, celui qui n'est pas aux prises avec les enjeux et les passions autochtones ? Il me montre toutes les photos dont il dispose, soigneusement protégées par du papier cellophane. J'aime tout particulièrement celle où Majorana est habillé en matelot. Il doit avoir trois ou quatre ans et ses yeux promettent déjà de narguer l'impossible.

Sur les murs du salon, il y a beaucoup de toiles. Parmi elles, des paysages, des natures mortes et des portraits colorés qu'a peints Maria, la sœur d'Ettore Majorana, décédée en 1997. Tout près de la fenêtre, un quart de queue noir réfléchit la douce lumière de cette fin d'après-midi. Lui aussi a appartenu à Maria. Ici, on vit avec la musique polyphonique des ancêtres.

Au tout début des années 1930, la réputation de Majorana, tout comme celle de Dirac, grandit subitement. On se met à parler de lui, en Italie bien sûr, mais aussi à l'étranger. Du point de vue de la production scientifique, les années 1931 et 1932 sont sans doute ses années miraculeuses, de la même façon que l'année 1905 fut l'année miraculeuse d'Einstein, et par là même de la physique tout entière. C'est durant cette période que Majorana rédige un article qui sera très vite repéré et deviendra l'un des plus cités dans la littérature spécialisée, « Atomes orientés dans un champ magnétique variable[1] ». Il y décrit ce qu'on appelle aujourd'hui l'« effet Majorana-Brossel ».

On sait que tout atome émet de la lumière lorsqu'un de ses électrons passe d'un niveau

1. Ettore Majorana, « Atomi orientati in campo magnetico variabile », *Nuovo Cimento* 9 (1932), p. 43-50.

d'énergie à un autre, d'énergie moindre, et que l'ensemble des fréquences lumineuses ainsi émises forment un spectre constitué de raies séparées. Majorana prédit que le profil d'une raie se modifie sous l'effet d'un champ magnétique, à condition que celui-ci soit oscillant (la raie se dédouble presque à mesure que l'intensité du champ augmente). Ce phénomène, qu'il a entrevu en exploitant à merveille les symétries des états quantiques, existe réellement[1] et a même conduit à des applications : expérimentalement observé par le Français Jean Brossel dans les années 1950, il est aujourd'hui utilisé dans différentes techniques d'imagerie, notamment la désormais célèbre IRM, qui permet d'obtenir des images précises de l'intérieur du corps de façon non invasive.

Majorana s'attaque ensuite à la rédaction d'un autre travail capital, purement théorique, qui sera publié à la fin de l'année 1932 : la « Théorie relativiste des particules de moment intrinsèque arbitraire[2] ». La seule présence du mot « arbitraire » dans le titre montre qu'il s'agit

1. Grâce à cette « économie » mathématique, Majorana parvint à prévoir et à calculer précisément la modification de la forme des raies spectrales d'un atome en présence d'un champ magnétique oscillant.

2. Ettore Majorana, « Teoria relativistica di particelle con momento intrinseco arbitrario », *Nuovo Cimento* 9 (1932), p. 335-344.

d'un travail visant la plus grande universalité possible. Majorana y développe des arguments et des méthodes très en avance sur son temps, à tel point qu'ils ne seront vraiment compris que trois décennies plus tard, notamment par le mathématicien russe Israel Gelfand.

En ce début des années 1930, les physiciens savent que les particules sont des sortes de petites toupies dotées d'une propriété interne qu'ils appellent le « moment intrinsèque » et qu'on appelle aujourd'hui le « spin ». Bien qu'elle ne soit représentable par aucune image classique, cette propriété mesure l'équivalent quantique de la rotation des particules sur elles-mêmes et ne peut prendre que certaines valeurs particulières. Le spin d'une particule est en effet quantifié par un nombre soit entier (0, 1, 2, 3...), soit demi-entier (1/2, 3/2, 5/2...). Les autres valeurs n'existent pas dans la nature. Pour décrire le comportement de ces particules en toutes circonstances, il faut pouvoir écrire des équations qui obéissent à la fois aux principes de la relativité, car ces particules peuvent être très rapides, et à ceux de la physique quantique, car leur taille est infime. Or les physiciens pensent qu'une telle description n'est envisageable que pour certaines particules, celles dont le spin est nul et celles, comme l'électron, dont le spin vaut pile-poil 1/2. Mais qu'en est-il des autres ? Personne ne se pose la question, sauf Majorana, qui n'aime pas qu'on s'arrête en chemin. Il décide de prendre les choses en main, sans l'aide de quiconque.

Il invente pour l'occasion une nouvelle méthode de représentation des groupes qui lui fournit l'outil mathématique pour écrire une équation à la fois quantique et relativiste, valable pour toutes les particules élémentaires. Un pur chef-d'œuvre qui tient en neuf petites pages. Lorsque Wolfgang Pauli le découvrira, en 1940, lui qui d'ordinaire ne complimente personne déclarera être impressionné par sa puissance conceptuelle. Dans les années 1960, Eugene Wigner, croyant découvrir une nouvelle représentation des groupes, ne fera que redécouvrir celle que Majorana avait mise au jour. Et, dans les années 1990, Roger Penrose écrira : « Qu'en est-il des états de spin dont la valeur est plus grande que 1/2 ? Là, les choses deviennent plus complexes et plus mystérieuses ! La description que je vais donner n'est pas très connue des physiciens d'aujourd'hui. Elle a été introduite en 1932 par Ettore Majorana, un brillant physicien italien qui a disparu à l'âge de trente et un ans lors d'un naufrage en baie de Naples, dans des circonstances qui n'ont jamais été tirées au clair[1]. » Au passage, on découvre une nouvelle

1. Roger Penrose, *Les Ombres de l'esprit. À la recherche d'une science de la conscience*, trad. fr. Christian Jeanmougin, Paris, Interéditions, 1995, p. 263.

explication de la disparition du physicien, celle d'un naufrage, que je n'avais encore lue nulle part et qui est pure fiction.

Cet article de 1932 sur le spin des particules a passé trente-cinq ans au cimetière des oublis avant d'être redécouvert et ressuscité, tel un Bel au bois dormant. Ainsi, Majorana a élaboré son propre idiome, qui se révélera dans la seconde moitié du XXe siècle un espéranto de l'exactitude.

C'est à partir des années 1960 que son nom, associé à diverses notions, équations, particules ou théories, envahira presque tous les champs de la physique à mesure qu'elle se perfectionnera et gagnera en maturité : forces de Majorana, transition de Majorana, équation de Majorana, champ de Majorana, transformation de Majorana, algèbre de Majorana, neutrino de Majorana, fermions de Majorana, sphère de Majorana… On pourrait parler d'une « majoranisation » progressive de la physique[1].

La puissance du jeune homme ne s'arrête pas aux frontières de cette seule discipline. Il

1. Une bonne façon de mesurer l'avance de Majorana sur son époque est de regarder à partir de quand ses articles ont été abondamment cités par les autres physiciens. Yves Gingras, un ami québécois, a récemment mené une analyse bibliométrique établissant que Majorana n'est devenu une référence standard qu'à partir des années 1960 (voir « La carrière des publications d'Ettore Majorana : une étude bibliométrique », *in Revue de synthèse* : tome 134, 6e série, n° 1, 2013, p. 75-87).

se demande si les concepts physiques peuvent coloniser d'autres disciplines, notamment les sciences sociales, et rédige « La valeur des lois statistiques en physique et dans les sciences sociales[1] », qui n'est pas un article *de* science, mais *sur* la science, et date vraisemblablement de 1930 — Majorana a seulement vingt-quatre ans ! Bien sûr, il n'a pas souhaité le rendre public (on l'entend d'ici soupirer : « Quel intérêt ?.. »). Il paraîtra donc après sa disparition, en 1942, grâce aux bons soins de son ami Giovanni Gentile Jr., qui jugera utile de préciser que cet article, originairement écrit pour une revue de sociologie, n'a pas été publié « peut-être à cause de cette ombrageuse réticence qu'avait l'auteur à s'ouvrir aux autres et qui le persuadait bien trop fréquemment de ranger dans un tiroir même des travaux importants ».

Dans ce texte subtil, Majorana s'interroge en épistémologue sur l'usage possible des lois statistiques en physique et dans les sciences sociales, dans un langage par endroits nietzschéen : la conception classique de la nature est par exemple qualifiée d'« apollinienne », tandis que la physique quantique serait plutôt « dionysiaque ». Majorana s'appuie sur cette distinction

1. Ettore Majorana, « Il valore delle Leggi Statistiche nella Fisica e nelle Scienze Sociali », *Scientia*, vol. 36, février-mars 1942, p. 58-66.

pour montrer qu'en rester aux lois (déterministes) de la physique classique n'aiderait nullement à penser ou à décrire la vie sociale, laquelle dépend, entre autres choses, d'un certain libre arbitre des acteurs. De nouvelles pistes s'ouvrent grâce à l'avènement de la physique quantique. Il remarque que les causes agissantes au sein de la société sont si nombreuses, et souvent si peu visibles, que la plupart nous échapperont toujours. D'où sa conclusion : la relative ignorance des innombrables moteurs de la vie sociale fait de l'« art de gouverner » un art très particulier[1].

Cet article constituera la seconde relique de mon voyage.

« Voulez-vous que je vous montre quelque chose, si ce n'est pas trop émotionnant [*sic*] pour vous ? » me demande le 11 mars 2013 Wolfgang Schultze, un autre neveu de Majorana, qui vit lui aussi à Rome. Dans la foulée, il saisit un dossier sur une étagère de son bureau, en extrait le manuscrit original de l'article et le dépose avec précaution sur sa table de travail. Comment pourrais-je ne pas être « émotionné » ? À deux jours d'intervalle, c'est la deuxième fois que je suis en ligne directe avec le disparu. Sur une trentaine de feuillets fragilisés par les

1. On lira avec profit une analyse approfondie de cet article par Vincent Bontems, intitulée « L'épistémologie transversale d'Ettore Majorana », *in Revue de synthèse* : tome 134, 6e série, n° 1, 2013, p. 29-51.

années, je retrouve la même écriture régulière et constante que dans les *Volumetti*, mais cette fois il n'y a ni calculs ni équations. Je suis pour ainsi dire aimanté. Finalement, l'écriture est la façon la plus palpable, la plus corporelle qu'a un disparu de réapparaître. Un manuscrit autographe est comme une résurrection, un silence calligraphique qui dit presque tout.

L'appartement qu'habite Wolfgang Schultze se trouve dans le même immeuble et sur le même palier que celui où ont vécu Ettore Majorana et sa famille, sur le viale Regina Margherita. Dans son bureau, qui ressemble à un petit musée personnel, des livres d'entomologie, d'ethnologie, de sciences en général. Ce médecin qui vient de prendre sa retraite est un alpiniste aguerri. Il me raconte ses souvenirs du Mont-Rose, du Cervin, de la pointe Whymper des Grandes Jorasses, du Kilimandjaro, quatre des hauts sommets qu'il a gravis, et s'enquiert de mes intentions. L'intérêt pour Majorana intrigue forcément la famille. Celui d'un Français surprend. Mais il me reçoit avec beaucoup d'aménité. La glace se brise vite entre grimpeurs, et irréversiblement.

Deux heures plus tard, Wolfgang Schultze me propose de visiter l'appartement où vivaient les Majorana. Il a déjà prévenu ses voisins qui nous accueillent avec courtoisie et curiosité. Ils ignorent tout de Majorana, jusqu'à son nom, et moi je ne peux m'empêcher de leur dire en anglais la chance qu'ils ont d'occuper ces lieux. Manifestement, l'appartement vient d'être refait à neuf. Le passé a été intégralement recouvert de blanc. Subsistent l'amplitude et la générosité des proportions. Wolfgang fait le guide et, au bout du long couloir, il désigne sur la gauche la chambre qui fut celle d'Ettore, celle où il s'enfermait des journées durant, des mois durant pour travailler. C'est la seule porte close. Je demande évidemment s'il est possible d'y entrer. Un des hôtes m'explique que sa sœur y est alitée, qu'elle souffre d'une angine. Je suis terriblement déçu, et intrigué. Pourquoi ne parvient-il pas à me convaincre ? Pourquoi, avec Majorana, quelque chose fait-il toujours écran ?

6

LA BOÎTE NUCLÉAIRE S'ENTROUVRE

Les recherches insensées sont parentes de découvertes imprévues.

PAUL VALÉRY

Le 21 janvier 1932, Majorana est dans son repaire favori, la bibliothèque de l'Institut, où viennent d'arriver les tout derniers *Comptes rendus de l'Académie des sciences*. Irène et Frédéric Joliot-Curie, qui travaillent main dans la main à l'Institut du radium, y ont fait paraître les résultats de leurs dernières expériences[1]. Majorana les lit d'une traite. Les Français pensent qu'ils ont simplement découvert un nouveau phénomène physique, lui sait qu'ils ont découvert une nouvelle particule. « Les crétins ! s'exclame-t-il,

1. Irène et Frédéric Joliot-Curie, « Émission de protons de grande vitesse par les substances hydrogénées sous l'influence de rayons γ très pénétrants », Note aux Comptes rendus de l'Académie des sciences du 18 janvier 1932.

ils n'ont pas compris qu'ils viennent de mettre la main sur le neutron. » Cette découverte est phénoménale puisqu'elle fait passer de deux à trois l'effectif des constituants élémentaires de la matière.

Peu de temps auparavant, les Allemands Walther Bothe et Herbert Becker avaient constaté que certains éléments légers, tels le lithium, le béryllium ou le bore, émettent « un rayonnement électriquement neutre et extrêmement pénétrant », de nature inconnue, si on les bombarde avec des particules alpha. Les Joliot-Curie décident de répéter leur expérience — c'est l'époque où les scientifiques sont en mesure d'être très réactifs. Ils projettent ce rayonnement mystérieux sur différents matériaux, notamment de la paraffine, une substance particulièrement riche en protons, et là, surprise ! ils constatent qu'il est capable d'arracher des protons, donc de mettre en mouvement des particules pourtant très lourdes, en l'espèce deux mille fois plus massives qu'un électron. Mais ils en déduisent à tort que ce rayonnement n'est autre qu'un rayonnement lumineux, constitué de photons ayant assez d'énergie pour bousculer des protons. Le mécanisme à l'œuvre est selon eux comparable à l'effet photoélectrique, par lequel de la lumière envoyée sur un matériau peut en expulser des électrons.

Majorana saisit sur-le-champ que cette analogie a trompé les Curie. Il a de parfaites connaissances théoriques, mais surtout il a pris très au sérieux une idée suggérée douze ans plus tôt à Cambridge par le savant britannique Ernest Rutherford : celle de « proton neutre[1] ». Il en déduit que les résultats des Curie changent radicalement la donne. Jusque-là, les physiciens n'avaient identifié que deux particules de matière, l'électron de charge électrique négative, découvert en 1897, et le proton de charge électrique positive, découvert en 1911. Ils soupçonnaient que ces particules pouvaient s'assembler au sein des noyaux atomiques pour former des protons neutres, de charge électrique nulle. Dans leur esprit, les noyaux atomiques n'étaient constitués en définitive que de protons et d'électrons.

Majorana, lui, comprend immédiatement que le neutron qui vient d'être découvert n'est

1. Ernest Rutherford avait constaté que la masse d'un noyau atomique est toujours plus grande que la masse totale des protons (chargés positivement) qu'il contient. Grâce à des mesures de plus en plus précises, il remarqua en outre que la différence de masse entre un noyau et ses protons est toujours un multiple entier de la masse du proton. Au sein des noyaux devaient donc exister d'autres particules que les protons, de même masse qu'eux mais dépourvues, elles, de charge électrique. Ces particules neutres de même masse que les protons, Rutherford les appela d'abord « protons neutres », puis, à partir de 1921, « neutrons ». Il imagina ces neutrons constitués d'un proton et d'un électron, sortes d'atomes d'hydrogène très comprimés dans l'espace.

pas une particule composite. C'est une particule aussi élémentaire que le proton. Conclusion : il n'y a pas d'électrons dans les noyaux atomiques. En quelques jours seulement, il construit un modèle théorique révolutionnaire décrivant comment les protons et les neutrons interagissent très fortement au sein des noyaux atomiques par le biais de *forces nucléaires* qui ne dépendent que des positions des particules.

Ce modèle conduit à expliquer différemment comment certains noyaux parviennent tout de même à émettre un électron par radioactivité dite « bêta ». L'électron émis ne préexiste pas à son émission, il est pour ainsi dire créé de toutes pièces par la métamorphose d'un neutron en un proton. À l'issue de ce processus, le proton demeure confiné au sein du noyau tandis que l'électron s'en échappe à grande vitesse. Cette nouvelle interprétation de la radioactivité bêta a de quoi surprendre les esprits qui aiment les images claires ou parlantes ; c'est un peu comme si on disait que la pâte dentifrice sortant d'un tube qu'on presse n'y était pas déjà contenue, mais qu'elle est créée de toutes pièces du seul fait qu'elle en sort…

Majorana explique ses conclusions à Fermi, qui est tout bonnement estomaqué. Le Pape essaie une fois de plus de convaincre le Grand Inquisiteur de publier ses résultats, qu'il juge absolument capitaux, mais celui-ci refuse avec la plus vive énergie. Il se fâche même, estimant que son travail n'est ni assez mûr ni d'assez bonne qualité. Fermi insiste. Majorana reste ferme comme un tank. Il va même jusqu'à interdire à Fermi d'évoquer les grandes lignes de sa théorie lors de la conférence internationale sur « L'État actuel de la physique du noyau atomique » qui se tient à Paris au début du mois de juillet 1932, à moins que son travail ne soit présenté comme étant celui d'un vieux professeur de génie électrique de l'université de Rome qu'il méprise assidûment. Majorana répugne à monter en épingle ce qui lui apparaît évident. Or tout ce qu'il a compris lui semble après coup évident... Pourquoi assumerait-il publiquement la paternité de ses idées et de ses théories, surtout s'il les juge inabouties ? À moins qu'il n'ait pressenti toute la puissance des forces nucléaires et qu'il ait choisi de se taire...

Quelques jours seulement après la publication des Curie et les cogitations silencieuses de Majorana sur la physique des noyaux, James Chadwick, physicien au laboratoire Cavendish de Cambridge, prouve par des expériences très méticuleuses que le rayonnement en question n'est pas lumineux et qu'il est effectivement constitué de particules matérielles jusqu'alors inconnues, de charge électrique nulle et de masse très voisine de celle du proton. Ancien étudiant de Rutherford, Chadwick est intellectuellement préparé au concept de proton neutre, qu'il a même tenté de découvrir à plusieurs reprises, sans succès. Le 17 février 1932, il envoie un article d'une page à la revue *Nature*, dans lequel il annonce la découverte expérimentale du neutron[1].

Cet événement signe l'acte de naissance de la physique nucléaire proprement dite, qui ne tardera pas à changer le cours de l'Histoire : six années suffiront pour que les physiciens passent de la découverte du neutron à celle de la fission de l'uranium 235, et seulement sept autres pour qu'ils soient capables, au sortir du maelström de la Seconde Guerre mondiale, de fabriquer les premières bombes atomiques.

L'article de Chadwick suscite aussitôt un intérêt colossal, notamment à Leipzig, où travaille Werner Heisenberg, un jeune physicien allemand déjà fort célèbre. Moins perfectionniste que Majorana, il se rend à la conférence

1. À la suite de la découverte du neutron, les noms d'Irène et de Frédéric Joliot-Curie furent avancés pour le prix Nobel de physique, ainsi que celui de James Chadwick. C'est sans doute l'opposition de Rutherford, affirmant que les Joliot-Curie feraient bientôt d'autres découvertes qui leur vaudraient le Nobel, qui fit qu'on attribua le Nobel de physique au seul Chadwick. La fantaisie de l'histoire en décida autrement. Les Curie furent couronnés la même année que leur collègue anglais, en 1935 : eux par le Nobel de chimie pour la découverte de la radioactivité artificielle, lui par le Nobel de physique pour la mise en évidence du neutron.

de Paris et y présente un modèle très proche de celui de son homologue sicilien. Il n'en diffère que par le fait que les forces entre protons et neutrons y dépendent non seulement des positions des particules, mais aussi de la direction de leur spin. Fermi est présent lui aussi et il expose au grand jour les travaux de Majorana sur la structure du noyau, sans respecter la consigne qui lui a été donnée.

Le 19 juillet 1932, l'article de Heisenberg paraît[1]. Fermi est accablé : comment Majorana a-t-il pu laisser dormir au fond d'un tiroir la théorie du noyau qu'il a élaborée avant l'un des plus grands théoriciens du moment ? L'intéressé se contente de sourire et se dit même soulagé : « C'est bon maintenant, Heisenberg a tout fait… » Au moins, on ne le pressera plus de publier. Loin de ressentir de l'amertume ou des regrets, il exprime toute son admiration pour celui qui se verra bientôt décerner le prix Nobel de physique[2] à seulement trente et un ans. Cette admiration le conduit à céder exceptionnellement au Pape, qui lui recommande d'aller séjourner en Allemagne et aux Pays-Bas durant plusieurs mois. Fermi lui obtient une bourse qui est octroyée par le professeur Ugo Bordoni,

1. Werner Heisenberg, *Zeitschrift für Physik*, 77, 1, 1932.

2. Werner Heisenberg a reçu le prix Nobel de physique au titre de l'année 1932, mais l'annonce n'en a été faite qu'en novembre 1933.

président du Comité national de la recherche en Italie.

En janvier 1933, le Grand Inquisiteur part pour Leipzig, au confluent de la Pleisse, de l'Elster blanche et de la Parthe, rencontrer le père du principe d'indétermination quantique. Il est impatient de pouvoir discuter enfin avec un physicien qui a des idées si voisines des siennes. Mais là-bas, ce n'est plus seulement la physique, c'est sa vie qui va changer de cours.

7

TRANSITION DE PHASE SUR LES RIVES DE L'ELSTER

> La science a prouvé que la Terre est ronde. Ce qu'actuellement personne ne conteste. Or, actuellement, on en est encore, malgré ça, à croire que la vie est plate et va de la naissance à la mort. Seulement, elle aussi, la vie, est probablement ronde, et très supérieure en étendue et en capacité à l'hémisphère qui nous est à présent connu.
>
> VINCENT VAN GOGH

« À l'Institut de physique, on m'a accueilli très cordialement. J'ai eu une longue conversation avec Heisenberg, qui est une personne extraordinairement courtoise et sympathique », écrit Majorana à sa mère, le 22 janvier 1933. « J'ai de très bons rapports avec tout le monde, surtout avec l'Américain Inglis, que j'ai connu à Rome et qui me tient compagnie et me sert de guide. Mon allemand s'améliore à vue d'œil.

Le climat est agréable. Il est un peu plus froid qu'à Rome, mais sans vent. Souvent, il neige doucement. »

Après quelques jours au Park Hotel, Majorana a trouvé une pension sans prétention qui lui coûte seulement 4 marks par jour. Elle est un peu loin de l'Institut, qui « occupe une position charmante, entre le cimetière et l'hôpital psychiatrique ». La vie n'est pas chère à Leipzig. Même les cafés et les lieux de vie nocturnes sont bon marché : « Très bonne musique et joie de carnaval », précise-t-il, mais fréquente-t-il vraiment ces endroits ? Il va souvent au cinéma. En somme, il a l'air d'aller plutôt bien. C'est du moins ce que laisse penser le ton légèrement enjoué de sa correspondance.

Le 13 février, il écrit à son ami Emilio Segrè qu'il a rencontré Paul Ehrenfest, « un physicien toujours souriant » qui l'a aussitôt invité à venir donner une conférence à l'université de Leyde, aux Pays-Bas, où il enseigne la physique théorique. Majorana ne perçoit sans doute pas que la vie d'Ehrenfest est celle d'un personnage de Scott Fitzgerald : une secrète fêlure, un bruit de fond qu'on croit anodin, un insidieux processus en orientent la texture et le cours. Quelques mois plus tard, le 25 septembre 1933, Ehrenfest tuera par balle l'un de ses quatre enfants, Wassik, son fils atteint de trisomie 21, puis mettra fin à ses jours. Treize ans plus tôt, il avait confié à Einstein, son plus cher ami : « Souviens-toi que je me promène parmi les monstres que vous êtes comme une grenouille inoffensive et sans défense qui craint de se faire écraser[1]. » Mais aussi : « Ce que je parviens à faire n'est pas de la science, mais un peu de conversation distrayante sur la physique — la physique des autres[2]. » Être un génie a ses inconvénients. Vivre aux côtés de génies aussi.

L'Institut est un haut lieu de la physique théorique. L'atmosphère y est à la confraternité, à l'amitié, quelle que soit la nature des échanges : séminaires hebdomadaires, discussions scientifiques, manifestations sportives.

Le matin, les théoriciens dorment — c'est bien connu. Ils se retrouvent chaque après-midi, selon un rituel précis. De 14 à 16 heures, séances de travail sur des points de physique théorique, auxquelles participent des mathématiciens, des physiciens et des chimistes venus du monde entier. Heisenberg apporte des pâtisseries et prépare lui-même le thé. Ensuite, ping-pong ou parties d'échecs sur une table de lecture, dans la bibliothèque de l'Institut. Si Heisenberg n'était pas l'un des directeurs de l'Institut, la chose serait impensable. C'est d'ailleurs lui le champion du ping-pong toutes

1. Lettre à Albert Einstein du 16 août 1920.
2. *Idem*, 2 septembre 1920.

catégories. En fin de journée, une petite bande quitte les lieux et rejoint à pied le café qu'elle a surnommé « Unter den Quanten » (Sous les quanta), où elle poursuit les tournois d'échecs. L'été, certains d'entre eux font comme les *ragazzi* : ils partent randonner dans la région et parfois même jusqu'en Bavière, où Heisenberg possède un petit chalet.

Heisenberg n'est pas sans ressembler à Fermi. Entre ces deux-là on pourrait presque parler de gémellité : tous deux nés en 1901, exceptionnellement doués en mathématique, hautement passionnés par la physique et excellents montagnards. En 1927, âgés seulement de vingt-six ans, ils sont nommés professeurs de physique : Heisenberg à l'université de Leipzig, Fermi à l'université de Rome. Et, chose suffisamment rare pour être remarquée, ils possèdent l'un et l'autre une double compétence : Fermi maîtrise la physique théorique aussi bien qu'expérimentale et il sera le dernier des physiciens à dominer ces deux disciplines aujourd'hui totalement séparées ; Heisenberg maîtrise la physique théorique et la philosophie. Enfin, leurs modes de travail sont étrangement semblables.

Il existe toutefois deux différences remarquables. Fermi doit trouver le moyen de détecter puis d'attirer les meilleurs étudiants pour constituer son équipe, Heisenberg tire parti d'une tradition historique et de l'engouement qu'a suscité la physique quantique en Allemagne à la suite des travaux de Planck et d'Einstein. Allemands ou étrangers, ses étudiants sont de plus en plus nombreux et certains se feront un nom, voire un très grand nom : Rudolph Peierls, Friedrich Hund, Felix Bloch, George Uhlenbeck, Edward Teller, Lev Landau, Isidor Rabi, John Slater…

Une partie des physiciens allemands, Heisenberg en tête, s'intéressent de très près aux questions philosophiques que les bouleversements de la physique sont en train de soulever : que reste-t-il du principe de causalité dans le monde quantique ? Quel statut conférer au hasard qui intervient dans la détermination des résultats expérimentaux ? Quels types de discours sur la réalité la physique quantique autorise-t-elle ? Ce climat intellectuel doit forcément convenir à Majorana. Même s'il se montre aussi réservé qu'à son habitude, refusant par exemple de prendre la parole en public (précisons qu'il comprend mieux l'allemand qu'il ne le parle), c'est à Leipzig que germeront ses idées les plus novatrices, notamment à propos de l'antimatière, sur lesquelles je reviendrai.

Majorana semble davantage respecter Heisenberg qu'il ne respecte Fermi et le climat qui règne à Leipzig n'y est pas étranger. Aussi cède-t-il rapidement à son amicale autorité : quelques semaines après son arrivée, il accepte de publier dans l'une des plus grandes revues de physique de l'époque, *Zeitschrift für Physik*, un article puissant sur la structure des noyaux atomiques, dans lequel il corrige et améliore le modèle de Heisenberg. Majorana y introduit la notion de « force d'échange » entre protons et neutrons[1], qu'on appelle aujourd'hui « force de Majorana ». Celle-ci explique la très forte cohésion des noyaux atomiques : en leur sein, les protons et les neutrons se trouvent très solidement liés les uns aux autres par le biais d'une interaction extrêmement intense.

En invoquant l'existence de cette nouvelle force, Majorana parvient à rendre compte de certaines propriétés des noyaux. Il élucide même un fait d'expérience jusque-là demeuré incompréhensible : les noyaux d'hélium, composés de deux neutrons et de deux protons, apparaissent comme des édifices plus fortement liés que les noyaux de deutérium, composés seulement d'un proton et d'un neutron. Or c'est l'inverse que les physiciens attendaient, en vertu d'un argument assez simple : au sein d'un noyau d'hélium, il y a deux protons qui se repoussent du fait qu'ils portent une charge électrique positive ; cette répulsion électrique, parce qu'elle n'existe pas dans le noyau de deutérium (il ne contient

1. Ettore Majorana, « Über die Kerntheorie », *Zeitschrift für Physik*, 82 (1933), 139-145.

qu'un seul proton), devrait rendre la cohésion de l'hélium plus faible que celle du deutérium. Grâce à son modèle, Majorana comprend pourquoi c'est le contraire qui se produit : la présence de neutrons dans un noyau a pour effet, d'une part, de diluer les forces électriques entre protons, d'autre part, d'augmenter le nombre de particules soudées par la force nucléaire, de sorte qu'un noyau formé de deux protons et de deux neutrons peut être plus solidement lié qu'un noyau formé simplement d'un proton et d'un neutron.

Il n'est pas exagéré de considérer que cet article est l'un des textes fondateurs de la physique nucléaire. Heisenberg est grandement impressionné, mais, beau joueur, il reconnaît que son propre modèle est dépassé et salue publiquement le talent de Majorana. De son côté, Fermi exhorte les *ragazzi* à abandonner rapidement la physique atomique pour se consacrer exclusivement à des recherches portant sur le noyau des atomes. Il s'agit d'un saut vertigineux en direction de l'infiniment petit puisque le diamètre des noyaux est cent mille fois moindre que celui des atomes : il vaut quelque 10^{-15} mètres, une unité de longueur qu'on a baptisée le… fermi.

Outre-Rhin, il n'y a pas que la physique qui change à grands pas : Hitler a accédé au poste de chancelier en janvier ; un mois plus tard, après l'incendie du Reichstag, il suspend la Constitution ; la semaine suivante, il obtient 44 % des suffrages aux élections ; puis, en moins d'un mois, il investit tout l'appareil d'État. De ces événements Majorana ne parle pas dans sa correspondance, mais il semble éprouver quelque étrange fascination pour ce qu'il voit de l'Allemagne. Serait-il séduit par l'ordre germanique ?

Dans la deuxième lettre qu'il écrit à sa mère, il se contente de dire : « La situation politique intérieure paraît catastrophique, mais personne ne semble s'en soucier. » Il est beaucoup plus loquace sur sa rencontre avec un soldat de la Reichswehr dans un compartiment de train : « Il ne parvenait pas à déposer un objet dans le porte-bagages ni ne pouvait faire le moindre mouvement sans claquer fortement des talons. Une telle rigidité était bien évidemment due à ma présence et, en réalité, la courtoisie exquise mais réservée à l'endroit des étrangers est typique de l'esprit soldatesque prussien. [...] Son attitude m'a empêché d'échanger avec lui une seule parole, hormis les salutations d'usage[1]. »

Sans doute y a-t-il des choses qu'il ne voit pas. Mais ne peut-il ou ne veut-il pas les voir ? Travaillant dans une université, il ne saurait

1. Lettre du 22 janvier 1933, *in* Erasmo Recami, *Il Caso Majorana, op. cit.*, p. 93.

ignorer que les professeurs juifs ont été exclus de la fonction publique, même s'il travaille momentanément au Danemark, à l'institut de Niels Bohr, lorsque la loi « pour la restauration du fonctionnariat » est promulguée[1]. Le 7 mars 1933, il écrit à sa mère, de Copenhague justement : « Je ne vous ai pas parlé de la situation politique en Allemagne parce qu'elle ne m'a jamais semblé grave. Il y a bien eu quelques fusillades nocturnes du fait de l'agitation électorale, y compris à Leipzig d'ailleurs, mais le mouvement ne s'est pas généralisé. Au Danemark aussi des élections vont bientôt avoir lieu. Des cortèges communistes défilent dans le centre de la ville en brandissant des panneaux contre Mussolini et Hitler, mais ils font ricaner bien plus qu'ils n'alarment[2]. » Pourquoi un tel revirement après avoir qualifié la situation intérieure de catastrophique ? Cherche-t-il à tranquilliser sa famille ? Trois semaines plus tard, il écrit, toujours de Copenhague : « En Allemagne, le chômage tend à diminuer, même s'il n'est pas encore certain que cette résorption soit le fait des grandes industries. La plupart des régions ont recouvré une stabilité économique et financière. Il est probable que la pro-

1. Cette loi, promulguée le 7 avril 1933, exclut les juifs et les fonctionnaires « politiquement peu fiables » de la fonction publique.

2. *In* Erasmo Recami, *op. cit.*, p. 101.

chaine conférence économique conduise à la décision de mettre en œuvre des travaux qui assureront la reprise. Lesquels ne consisteront pas à un retour aux conditions pathologiques de l'année 1929, mais à affermir progressivement de nouvelles initiatives ; ainsi, la reprise sera lente mais elle est certaine[1]. » Selon Majorana, l'Allemagne ne représente pas de danger pour la paix en vertu de deux arguments très capillotractés et qui, surtout, se révéleront grossièrement faux. Le premier est que l'économie de ce pays s'améliore, de sorte que, quand la crise sera passée et qu'il aura remboursé ses dettes, il sera le peuple le plus riche d'Europe. Le second est que la crise de la natalité à laquelle l'Allemagne est confrontée depuis 1915 en fera bientôt le plus vieux peuple d'Europe, donc le plus pacifique… Quel flair !

Parce qu'il envisage Hitler comme un personnage grotesque, donc éphémère, une sorte de Mussolini au petit pied, Majorana ne semble pas prendre conscience du désastre intellectuel et moral que représente le nazisme. Il ne pressent nullement que par le jeu d'une mécanique infernale, d'une hystérie collective, il n'y aura bientôt plus sur cette Terre « de matins sans agonies, de soirs sans prisons, de midis

1. Lettre du 29 mars 1933, *in* Erasmo Recami, *op. cit.*, p. 105.

sans carnages[1] ». Malheureusement, il ne fut pas le seul dans son cas.

Du 5 mars au 12 avril 1933, Majorana séjourne à l'Institut de physique que Niels Bohr a créé en 1922 à Copenhague, dès la réception de son prix Nobel de physique, avec l'aide de l'Académie des sciences danoise et des Brasseries Carlsberg, qui offrent des bourses aux chercheurs désireux d'y travailler. C'est une ruche bourdonnante : de jeunes théoriciens passionnés, parlant des langues différentes, s'ébattent dans les méandres de ces deux nouveaux continents que sont l'atome et son noyau. Majorana fait notamment la connaissance du Belge Léon Rosenfeld, qui, comme lui, s'intéresse de près à la physique nucléaire.

En 1964, lorsqu'il entreprit de rassembler et de publier les travaux de Majorana sous le nom de *Volumetti*, Edoardo Amaldi demanda à ses collègues étrangers qui l'avaient croisé quels souvenirs ils gardaient de lui. Léon Rosenfeld lui répondit qu'il n'eut qu'une seule occasion, en un mois, d'entendre Majorana. « Il était très timide et se contentait d'écouter les conversations sans y prendre part, mais on pouvait lire dans ses yeux qu'il écoutait très attentivement

1. Albert Camus, *Ni victimes ni bourreaux, in Essais*, Bibliothèque de la Pléiade, Gallimard, 1965, p. 332.

et qu'il avait son propre avis sur ce qui se disait. Le seul avec lequel il paraissait parler librement était Placzek, du fait probablement qu'ils s'étaient connus à Rome. » Georges Placzek avait passé un an via Panisperna dans le groupe de Fermi. Un jour qu'ils se trouvaient tous les trois au café, Rosenfeld demanda à Placzek s'il pouvait utiliser les notes qu'il avait prises. Placzek accepta, mais ses notes étaient longues et il n'en avait pas de double. Rosenfeld le rassura : « Ne t'inquiète pas, ma femme va les recopier. » C'est alors que Majorana fit entendre sa voix : « C'est la femme idéale[1] ! » dit-il soudain sans qu'un seul muscle de son visage ne bouge.

C'est à Copenhague que Majorana rencontre Victor Weisskopf, mon futur professeur au CERN, alors tout jeune. Ils ont une discussion approfondie sur les tout derniers développements de l'application de la physique quantique à l'électromagnétisme[2]. Weisskopf remarque que Majorana parle très timidement mais d'égal à égal avec tous les grands théoriciens qu'il croise.

1. Lettre datée du 10 août 1964, fonds Edoardo Amaldi, archives du département de physique, université La Sapienza, Rome.

2. Lettre de Victor Weisskopf à Erasmo Recami du 16 mai 1984, citée *in* Ettore Majorana, *Lezioni all'università di Napoli*, Bibliopolis, Napoli, p. 161-162 : « Je suis ravi d'apprendre que vous avez retrouvé une lettre dans laquelle Majorana dit qu'il a eu de bonnes relations avec moi. Je me souviens que nous avions eu une discussion approfondie... »

Le Grand Inquisiteur pourrait donc avoir communiqué avec ses semblables un peu plus que ne l'a prétendu Léon Rosenfeld… Quand j'ai découvert ce fait, dans les archives du département de physique de l'université de Rome, j'ai sursauté. J'avais la réponse à ma question : Weisskopf a sans doute évoqué Majorana lors d'un des cours que j'ai suivis ; c'est probablement lui, et non une rue inexistante, qui m'a mené jusqu'à Majorana… Du moins est-ce ce qu'il me plaît désormais de croire.

Au terme de son séjour à Copenhague, Majorana passe les vacances de Pâques dans sa famille, à Rome, puis retourne à Leipzig pour quelques mois. Il continue de parler de Heisenberg dans sa correspondance, mais se montre moins fasciné qu'au moment de leur rencontre. Leur relation ne paraît pas s'être approfondie.

Le 10 mai 1933, des étudiants nazis brûlent sur le parvis de l'université de Berlin vingt mille livres d'auteurs juifs. Majorana a-t-il eu connaissance de cet événement ? Vraisemblablement. Toujours est-il que, cinq jours plus tard, il écrit à sa mère :

En réalité, non seulement les juifs, mais également les communistes et, de manière générale, les adversaires du régime sont éliminés en grand nombre de la vie sociale. Dans l'ensemble, l'œuvre du gouverne-

ment répond à une nécessité historique : faire place à la nouvelle génération, qui risque d'être étouffée par la stase économique[1].

Et le 25 mai il adresse à Emilio Segrè une lettre provocatrice, désobligeante et antisémite par endroits, dans laquelle il rend les juifs responsables de leurs déboires, qu'il juge du reste surestimés :

Situation politique intérieure complètement tranquille.

[...] *La question de l'antisémitisme doit être jugée dans le cadre de la révolution qui a éliminé, là où elle a pu, tous ses adversaires parmi lesquels il y a, quasiment sans exception, les juifs. Cela ne signifie pas qu'il n'existe pas en Allemagne une très grave question juive en soi* [...].

Il n'est pas concevable qu'un peuple de 65 millions d'individus se soit laissé conduire par une minorité de 600 000 personnes affirmant ouvertement constituer un peuple en soi. Quelqu'un a dit que la question juive n'existerait pas si les juifs apprenaient l'art de fermer leur bouche. [...] *D'ailleurs, la situation actuelle des juifs en Allemagne n'est pas aussi grave qu'il pourrait y paraître de loin*[2].

1. Lettre du 15 mai 1933, *in* Erasmo Recami, *op. cit.*, p. 107.
2. Fonds Edoardo Amaldi, archives du département de physique, université La Sapienza, Rome.

Or Majorana n'est pas sans savoir que son ami, dont la mère disparaîtra en déportation pendant la guerre, est juif. Alors pourquoi lui écrit-il cette lettre ? Pourquoi précisément à lui ? Et dans quel but ? On découvre là la part la plus sombre de Majorana, avec un étonnement d'autant plus grand que rien, dans ses écrits précédents, n'avait indiqué chez lui une préoccupation ni même un intérêt pour ce qu'il appelle la « question juive ». Que comprend-il de ce qui se déroule en Allemagne ?

Je n'ignore pas qu'il est difficile de juger les raisonnements de 1933 sans rétroprojeter dans nos appréciations la suite horrifique de l'histoire. Reste que le malaise est là, et bien là, impossible à dissiper. D'autant que Hitler tenait des discours ouvertement et rageusement antisémites depuis qu'il avait pris la tête du Parti national-socialiste des travailleurs allemands, en 1920. Même si on peut considérer que ces lettres procèdent de la posture d'un observateur qui n'a jamais pris part à quelque activité politique que ce soit[1], l'analyse qu'on y découvre fait froid dans le dos.

1. Pour disposer d'une analyse plus complète de la correspondance de Majorana à cette période, consulter l'article de Charles Alunni, « Le Secret Majorana, de la science à la légende, et retour » (*in Revue de synthèse* : tome 134, 6e série, n° 1, 2013, p. 1-8).

Dans les années 1970, Segrè, alors âgé, disait ne pas se souvenir de la réponse qu'il avait faite à ce courrier ni même s'il y avait répondu. On peut facilement imaginer que cette missive en forme de missile a transformé sa relation avec Majorana en un abîme d'amitié. Cela expliquerait d'ailleurs pourquoi, dans son autobiographie intitulée *A Mind Always in Motion*, Segrè parle si peu de celui qui fut son ami. Avant même de disparaître, Majorana avait vraisemblablement cessé d'exister à ses yeux.

J'ai appris l'existence et le contenu de cette lettre lors de mon séjour romain, en mars 2013, quand on m'a autorisé à consulter les archives du département de physique de La Sapienza. J'aurais préféré passer à côté d'elle sans la voir. L'ayant lue, j'aurais pu choisir de ne pas en parler en vertu de la morale implicite de *L'homme qui tua Liberty Valance* : si la légende est plus belle que la réalité, mieux vaut conserver la légende. Mais je ne peux pas faire comme si je ne savais pas ce que je sais.

À Leipzig, Majorana lit Schopenhauer, l'homme d'un seul livre, *Le Monde comme volonté et comme représentation*. Le ténébreux philosophe y explique que la souffrance est le fond de toute vie et son propos ne peut que séduire ceux qui ont une sensibilité un peu plus aiguë que la moyenne à la souffrance universelle. On y trouve d'ailleurs l'une des phrases les plus tristes de toute l'histoire de la philosophie : « La vie oscille, comme un pendule, de droite à gauche, de la souffrance à l'ennui[1] »... Il est difficile de concevoir que Majorana ait jamais pu s'ennuyer — trop haute température cérébrale —, mais il n'est pas difficile de l'imaginer amarré à son mal-être tout autant qu'à la physique. Et je préfère ne pas trop parler ici de la façon dont Schopenhauer (ce grand zélateur de la chasteté qui eut quelques rares liaisons mais fréquenta surtout les femmes par nécessité et « hygiène ») conçoit l'amour. Sous sa plume, il devient une activité stéréotypée et cocasse qui concerne les seuls intérêts de l'espèce, laquelle veille à ce que se répète indéfiniment l'illusion de l'amour, nécessaire à la permanence de ses desseins aveugles. Difficile, sans doute, de tomber amoureux avec un tel viatique en bandoulière...

Je n'ai d'ailleurs découvert aucun témoignage évoquant Majorana en compagnie d'une femme qui ne soit sa mère ou l'une de ses sœurs ou de ses cousines. Cela ne prouve rien, mais tout de même. A-t-il jamais éprouvé qu'un regard peut saisir, capturer, emporter le corps qu'il regarde et l'âme avec lui, qu'un être humain peut toucher le ciel en en touchant un autre ? Est-il

1. Schopenhauer, *Le Monde comme volonté et comme représentation*, I, IV, § 57, trad. A. Burdeau, PUF, 1966, 2008, p. 394.

mort puceau, comme (paraît-il) Newton, auquel Fermi le comparait ? A-t-il jamais désiré, dévoré de ses yeux vifs la grâce d'un corps ? Ou n'a-t-il aimé que secrètement, de loin, par crainte de la blessure ?

Quoi qu'il en soit, la lecture de cet ouvrage, pessimiste de fond en comble et qui célèbre la jouissance sereine que procure l'extinction du « vouloir vivre », ne fait aucun bien à Majorana, ni moral ni physique. Son état de santé se dégrade un peu plus. Il souffre d'une gastrite chronique qu'on attribue tantôt à une fatigue nerveuse persistante, tantôt à la nourriture germanique, qui n'est pas la moins grasse du monde. Quelque chose a dû l'*ulcérer*. Mais quoi ?

Beaucoup plus tard Heisenberg dira qu'il avait remarqué dès leur première rencontre les dons exceptionnels de Majorana, mais aussi qu'il lui était apparemment très difficile de communiquer avec ses congénères[1].

Le 5 août 1933, le jour de ses vingt-sept ans, Majorana rentre définitivement en Italie.

1. À Edoardo Amaldi, qui lui avait envoyé le même courrier qu'à Léon Rosenfeld, Heisenberg répondit le 24 juillet 1964 qu'il n'avait plus aucune trace écrite du séjour de son jeune collègue à Leipzig (toutes les archives de l'université ont été détruites en 1945 par les bombardements américains), mais qu'il avait conservé de lui un souvenir très précis. Fonds Edoardo Amaldi, archives du département de physique, université La Sapienza, Rome.

Il n'est plus le même homme. Il a toujours été plutôt solitaire, spirituel et même ironique, il est devenu misanthrope et sombre. Pourtant, ces derniers mois ont dû être intellectuellement stimulants. La mélancolie aurait-elle pris le dessus ?

Quelques jours avant son retour à Rome, il a écrit à sa mère pour lui dire qu'il ne rejoindrait pas le lieu de villégiature familial à Abbazia di Fiume, près du golfe de Trieste. En lui quelque chose s'est brisé. Mais que s'est-il passé ? Une conjonction d'événements a pu jouer : sa santé, qui se dégrade ; celle de son père, avec lequel il a toujours eu de bonnes relations, mêlant respect et affection, dont il apprend qu'il est atteint d'un cancer ; l'évolution de la physique, qui lui semble suivre une mauvaise direction ; Heisenberg, qui, d'une façon ou d'une autre, l'aurait déçu. Impossible de se prononcer. Reste qu'à terme ce basculement aura pour lui des conséquences terribles.

8
LE REPLI ET LE SURSAUT

> La vie nous lance en l'air comme des cailloux,
> et nous disons de là-haut « voyez comme je bouge ».
>
> FERNANDO PESSOA

Il arrive que des gens fortunés aiment la physique et contribuent très efficacement à son essor. Ernest Solvay, un industriel belge qui avait mis au point un procédé de fabrication du carbonate de sodium, fut de ceux-là. En 1910, alors que la théorie de la relativité restreinte venait de modifier les représentations de l'espace et du temps, et que l'atome avait commencé de montrer sa structure composite, il décida d'organiser et de financer une conférence internationale sur « la nouvelle physique ». Le premier congrès Solvay eut lieu dans les murs de l'hôtel Métropole de Bruxelles, à la fin du mois d'octobre 1911. Il rassembla trente-deux physiciens de premier plan, dont Albert Einstein, Max Planck, Jean Perrin, Ernest Rutherford, Henri Poincaré, et une seule physicienne, Marie Curie. Lors des éditions suivantes, les participants, qui ne furent jamais plus de quarante, posèrent sagement pour la postérité, comme les enfants le font pour la photo de classe autour de leur maître.

En cette année 1933, le congrès Solvay se tient dans la capitale belge du 22 au 29 octobre. Il est consacré à la structure des noyaux atomiques : Heisenberg y vante le modèle de l'interaction nucléaire de Majorana, en parle avec enthousiasme à tous ceux qu'il croise et contribue ainsi à asseoir la réputation internationale du Sicilien, désormais connu de tous les grands physiciens. Des invitations lui parviennent de Cambridge, Yale, Moscou. Majorana les décline toutes. Il ne veut plus quitter Rome. A-t-il compris qu'il n'était pas vraiment fait pour les voyages ?

Quelques jours après le congrès, Werner Heisenberg obtient le prix Nobel de physique pour « la création de la physique quantique, dont les applications ont conduit, entre autres, à la découverte des formes allotropiques de l'hydrogène ». Le 11 novembre, Majorana lui écrit un petit mot de félicitations, six lignes au total, formules de politesse comprises.

Le contexte n'a jamais été aussi favorable au

jeune Sicilien. De retour parmi les siens, désormais auréolé d'un immense prestige, on s'attend à le voir collaborer très activement avec Enrico Fermi à l'étude des noyaux et de l'interaction nucléaire. Quel tandem ils formeraient ! Au Grand Inquisiteur les calculs et l'invention de concepts, au Pape les idées d'expériences et la débrouille institutionnelle.

Pourtant, Majorana ne retourne pratiquement plus au laboratoire de la via Panisperna. Le 14 septembre, il avait écrit une lettre à Ugo Bordoni, qui lui a octroyé une bourse, pour lui rendre compte des travaux qu'il a menés à l'étranger. Il se dit satisfait que Heisenberg ait accepté sa théorie et l'ait promue auprès des plus grands physiciens, puis évoque les deux derniers mois passés en Allemagne : « À la fin de mon séjour à Leipzig, j'ai amorcé d'autres travaux de recherche, mais je n'ai pu les achever, ni même les approcher de leur conclusion, à cause de problèmes de santé[1]. » Il signe et indique l'adresse de l'appartement familial viale Regina Margherita, et non celle de l'Institut. Sans doute parce qu'il a décidé de couper les ponts. De fait, il se replie dans sa chambre et refuse la plupart des visites.

1. Cette lettre est citée dans le livre de Guerra (Francesco), Robotti (Nadia), *Ettore Majorana, Aspects of his Scientific and Academic Activity*, Pisa, Edizioni della Normale, 2008, p. 40-41.

En mars 1934, son père meurt des suites d'un cancer du côlon à l'âge de cinquante-neuf ans, dans la chambre voisine de la sienne. Depuis plusieurs semaines, il était alité. La gastrite de Majorana s'aggrave, comme par un effet de sympathie pour l'homme qui l'a engendré. Pour calmer son mal, il s'impose des régimes alimentaires draconiens. Il lui arrive, durant plusieurs semaines consécutives, de ne se nourrir que de lait. Mais rien n'y fait. Pourtant, une gastrite ne finit-elle pas par guérir ? Cet art de ne pas vivre commence à marquer son corps qui, peu à peu, se décharne.

Repris par sa vieille passion, il se plonge dans l'histoire des flottes de guerre, des batailles navales, et étudie les techniques de construction des navires. Il dévore le très volumineux *Almanacco Navale Italiano*[1], qui vient de reparaître après des années d'interruption, et brosse un tableau illustré des flottes italiennes, militaire et marchande. Il retrouve les grandes tragédies de Shakespeare, avec leurs « fous du temps » qui ne parviennent pas à s'inscrire dans le temps ordinaire de l'humanité et que ce déphasage conduit à l'autodestruction. Puis il décide de relire tout l'œuvre de Pirandello, qui vient d'obtenir le prix Nobel de littérature :

1. Arti Grafiche Panetto & Petrelli — Spoleto, 1937. Ufficio Collegamento Stampa del Ministro della Marina, Roma, 1937.

Six personnages en quête d'auteur, Feu Mathias Pascal, Comme avant mieux qu'avant, Un, personne et cent mille... autant d'ouvrages que j'ai vus soigneusement rangés dans la bibliothèque d'Ettore Majorana Jr. Pirandello, qui parle du dédoublement de l'être : un moi vit et souhaite vivre tandis que l'autre le regarde et l'empêche de vivre. La société assignant à chacun un rôle qui l'empêche d'exprimer ce qu'il a de plus intime, il n'y a que deux façons d'y échapper : assumer la clandestinité de son intériorité ou déserter le monde des hommes, la comédie humaine. Pirandello souligne aussi les périls de la réflexion poussée à l'excès : la passion exclusive du raisonnement, de l'abstraction peut avoir pour revers le soliloque radical. L'activité intellectuelle, lorsqu'elle s'applique à corroder l'univers visible, incline à l'ironie et conduit à se distancier des hommes et des choses.

Majorana doit s'y retrouver complètement, car penser l'absorbe littéralement. Or penser n'équivaut pas à exister. Comme pour se protéger de tout contact humain, qui met sa sensibilité à rude épreuve, il s'impose des règles de vie de plus en plus inquiétantes. Ses horaires sont ultra-décalés. Il vit avec la nuit muette, son unique maîtresse. Il se lève en pleine journée, après avoir dormi seulement quelques heures, comme « chu de quelque désastre obscur ». Un an et demi durant, il ne met plus les pieds chez le *barbiere* et ne quitte quasiment plus sa chambre ni sa table de travail.

Il se consume lentement, inexorablement. Mais il écrit beaucoup, travaille à toutes sortes de problèmes de physique, noircissant des pages et des pages de calculs arrachées à l'insomnie. Toute la vie, chez lui, se concentre alors dans son cortex, transformé en scène de théâtre où évoluent, hiératiques et incandescents, les concepts nécessaires à l'élaboration de nouvelles théories.

Il est de plus en plus fidèle à lui-même et ne publie donc rien, absolument rien. Peu à peu, son nom disparaît du monde académique, où il n'occupe d'ailleurs plus aucune position officielle : Majorana n'est plus cité dans aucun compte rendu de colloque ni aucune communication scientifique. Il ne correspond pratiquement plus, si ce n'est avec son oncle Quirino, avec lequel il devise principalement de problèmes de physique expérimentale. En somme, il prédisparaît. Va-t-il s'effondrer ?

Point du tout.

Il finit au contraire par regagner sa « couche de masse », comme disent les physiciens à propos des particules en défaut d'énergie lorsqu'elles récupèrent une énergie au moins égale à leur énergie de masse et cessent ainsi d'être virtuelles. Peut-être cela procède-t-il d'une espèce de transition de phase qui n'est pas sans m'évoquer d'autres situations, proprement physiques cette fois.

Depuis 2008, une fois l'an, je participe à une course à pied de plus de cent kilomètres autour du massif du Mont-Blanc. Ce rituel est une petite prière adressée à la montagne et, par extension métaphysique, au cosmos tout entier. Je conviens volontiers qu'il faut être un peu fou pour ainsi dépenser plusieurs kWh à gravir et à descendre des milliers de mètres de dénivelé en agitant ses jambes à une cadence d'essuie-glace, mais ma participation à ces « ultratrails » m'a appris une chose essentielle, qui, au prix d'une transposition, s'applique à Majorana : le corps peut vaciller, fléchir, flancher, mais il peut aussi, à partir d'une défaillance en apparence rédhibitoire, forger une élasticité nouvelle, se ressaisir et bondir armé d'un levier plus puissant. La résurrection des corps, c'est peut-être d'abord ceci : le passage surprise, par une sorte d'effet tunnel, de la grande fatigue à une certaine pétulance.

Dans les phases difficiles, il arrive qu'on éprouve un sentiment d'abandon, d'écrasement, et qu'on se laisse alors happer par l'envie de rejoindre la plage la plus proche où l'âme traumatisée trouvera l'horizontalité radicale à laquelle soudain elle aspire. Et c'est là qu'il faut avoir appris à faire preuve de patience et d'endurance, se souvenir que la forme peut progressivement revenir. Lorsque c'est le cas, on se sent transporté par une force antigravitationnelle, comme aspiré par le mouvement vertical des cimes.

Ce qui vaut pour le corps vaut-il pour l'âme ? Peut-elle retrouver une forme d'élan perdu ? Sans doute. Du moins est-ce précisément ce qui arrive à Majorana, par un effet tunnel d'ordre psychique cette fois, après trois années de ce qui ressemble à une profonde neurasthénie. À partir de l'année 1936, il semble aller mieux. Il sort de son évanescence existentielle et cesse de vivre en reclus intégral. Il se remet à voyager, notamment pour se rendre à Catane, où réside encore une partie de sa famille, ou à Abbazia di Fiume, dans la demeure estivale des Majorana. Surtout, il travaille avec acharnement à l'élaboration d'une électrodynamique quantique, le sujet théorique le plus en pointe du moment, celui-là même qu'il avait évoqué à Copenhague avec Victor Weisskopf : il s'agit de proposer une formulation quantique des lois de l'électromagnétisme.

Il reçoit des visites un peu plus régulières de Giovanni Gentile Jr. Il envisage même de donner des cours à l'université de Rome et en prépare les plans. Il conçoit un enseignement de très haut niveau. Mais quels étudiants pourraient le suivre ? En vérité, aucun… Quoi qu'il en soit, cette initiative n'aura pas de suite.

Les *ragazzi di via Panisperna* sont ravis d'apprendre ce retour à la vie de leur ancien collègue. Au début de l'année 1937, ils lui font savoir qu'un poste de professeur de physique théorique vient d'être créé à Palerme, à l'initiative d'Emilio Segrè, qui y enseigne déjà, et qu'il est le mieux placé pour y prétendre. L'idée est bonne : en un ultime sursaut — de fierté, d'orgueil peut-être —, Majorana mobilise tout ce qu'il lui reste d'énergie positive pour se porter candidat. Mais, pour obtenir le poste, il a besoin d'étoffer son dossier, d'y ajouter un travail récent. Il ouvre ses tiroirs, en sort de vieux manuscrits, reprend des travaux entamés lors de son séjour à Leipzig quatre ans plus tôt et rédige en quelques jours ce qui constituera son dernier article, le plus prophétique : « Théorie symétrique de l'électron et du positron[1] », dans lequel il propose une alternative à la théorie de l'antimatière que Paul Dirac avait formulée en 1930. Il émet l'hypothèse que certaines particules dépourvues de charge électrique pourraient être leur propre antiparticule — une hypothèse à l'origine de recherches menées aujourd'hui sur des particules fascinantes et fantomatiques,

1. Ettore Majorana, « Teoria simmetrica dell'elettrone e del positrone », *Nuovo Cimento* 14 (1937), p. 171-184. La lecture de l'ensemble des articles de Majorana, archivés à la *Domus Galilaeana* de Pise, montre qu'il avait déjà formulé ses propres idées sur l'antimatière en 1933, pendant qu'il était en Allemagne.

les neutrinos. Si ces particules se révèlent être comme Majorana les avaient imaginées, cela ouvre grand les portes d'une nouvelle physique et contraint à revoir certains aspects du modèle standard de la physique des particules. Cette théorie pourrait en outre représenter la solution d'une énigme cosmologique sur laquelle les astrophysiciens continuent de buter : celle de la matière noire, cette matière invisible, de nature encore inconnue, dix fois plus abondante dans l'Univers que la matière ordinaire, toujours composée de protons, de neutrons et d'électrons. Il est donc possible que la matière noire soit constituée de particules analogues à celles que Majorana avait en tête...

Il atteint là le sommet de son art, au terme d'une progression ténébreuse. Pour comprendre toute la portée de ce travail, il faut commencer par rappeler les étapes principales qui ont conduit à la prédiction de l'existence de l'antimatière.

Rappelons qu'un électron est un objet minuscule qui peut être très véloce, voire se déplacer à une vitesse très proche de celle de la lumière. Ce double statut impose que l'équation susceptible de le décrire en toutes circonstances soit une sorte de mariage de la physique quantique, qui traite des objets de très petite taille, et de la théorie de la relativité, qui traite des objets très rapides. Bref, cette équation se doit d'être à la fois quantique et relativiste. À la fin de l'hiver 1927, Paul Dirac parvient à construire une telle équation en utilisant des arguments en apparence assez compliqués[1], mais qui en réalité s'inspirent en droite ligne de son idéal de beauté et de simplicité. Assez vite il constate que son équation recèle quelque chose d'étrange, qui ne va d'ailleurs pas tarder à dérouter les physiciens, voire à susciter des réactions très violentes : certaines des solutions de son équation correspondent à des particules d'énergie… négative ! Or toutes les particules connues sont dotées d'une énergie positive, y compris lorsqu'elles sont immobiles, puisque leur énergie est alors égale à leur énergie de masse mc^2. Si des particules d'énergie négative existaient, elles auraient donc une masse négative. Cela impliquerait que, sous l'action d'une force, elles se déplacent dans le sens contraire à celui des particules ordinaires, toutes dotées d'une masse positive. Autrement dit, elles se comporteraient exactement comme la mule de la fable qui, lorsqu'on la tire en avant, part en arrière… Personne n'a jamais vu de telles attitudes dans le monde très obéissant des particules : toutes sans exception réagissent de la même façon à l'action d'une

1. Pour les détails de l'argumentation qui a amené Dirac à cette extraordinaire découverte, voir Étienne Klein, *Il était sept fois la révolution. Albert Einstein et les autres*, Paris, Flammarion, 2006, p. 81-121.

force. Quelle est donc la signification de ces énergies négatives qui viennent de surgir dans le champ de la physique ? Faut-il les accepter ? Et, si oui, quel statut leur accorder ?

Ce flottement et les controverses qui l'accompagnent perdurent jusqu'en mai 1931, quand Dirac finit par comprendre que les énergies négatives sont associées à une nouvelle particule, jamais observée, qui a nécessairement la même masse que l'électron et une charge électrique opposée à la sienne. Ce nouvel objet microscopique est l'« antiparticule » de l'électron, qui sera bientôt baptisée le « positron ». Dirac démontre en outre qu'un électron et un positron ne peuvent apparaître qu'ensemble, c'est-à-dire par paire, un peu comme des frères jumeaux.

Comment a-t-il pu prédire pareille chose ? Tout simplement en proposant une nouvelle image du vide, qu'il conçoit non comme un espace qui serait débarrassé de tous les objets qu'il contient, mais comme plein… d'électrons ! Selon lui, des électrons peuvent se trouver dans les états d'énergie négative, qui sont en nombre infini. Ils forment la « mer de Dirac », une sorte de vide truffé de particules. Dans les conditions normales, tous les états d'énergie négative sont occupés, chacun par un électron. Mais ces électrons d'énergie négative ne sont pas observables directement car ils demeurent enfouis dans la mer et tout se passe comme s'ils n'existaient pas. En revanche, tout changement qui se produit à partir de cette situation de départ est détectable : si un électron, sous l'influence d'un événement quelconque lui conférant de l'énergie, passe d'un état d'énergie négative à un état d'énergie positive, il devient subitement observable, tout comme le « trou » qu'il a laissé dans la mer. Dans ce schéma, ce trou n'est autre que l'antiparticule de l'électron, c'est-à-dire le positron, apparu en même temps que l'électron lui-même. L'idée de « mer » va en somme de pair avec celle de paire (qu'en eût dit Lacan ?...) : un électron ne peut être créé sans qu'un positron le soit aussitôt.

Majorana, lui, voit les choses de façon complètement différente, et il construit une théorie des particules neutres dans laquelle il n'est pas fait appel aux états d'énergie négative. Intellectuellement, ces états lui répugnent, comme ils déplaisent à d'autres physiciens, qui considèrent que la théorie de Dirac s'appuie sur des hypothèses insuffisamment étayées, qu'elle est quasi métaphysique. C'est dire... Quant à la mer de Dirac, ce drôle de vide gorgé d'électrons, il en conteste farouchement l'existence. Elle constitue à ses yeux une hypothèse « artificielle et insatisfaisante » dont il veut débarrasser la physique.

Majorana montre d'abord, de façon très élégante, qu'on peut déduire l'équation de Dirac d'un principe plus fondamental, en fait plus symétrique, que celui dont est parti le théoricien anglais[1]. Il montre ensuite qu'on peut donner une autre forme à cette équation et qu'alors certaines de ses solutions correspondent à des particules qui sont... leurs propres antiparticules[2] ! Plus précisément, selon le modèle qu'il propose, les particules neutres (dépourvues de charge électrique) sont nécessairement identiques à leurs propres antiparticules. À tout seigneur tout honneur : de telles particules sont dites « de Majorana ». Mais la nature a-t-elle raisonné exactement comme Majorana ? À ce jour, nul ne peut le dire.

Comme à son habitude, Majorana se montre trop en avance sur son temps. Ses idées sont si révolutionnaires que personne ne peut vraiment les comprendre dans le contexte des années

1. Les physiciens appellent un tel principe « principe variationnel ».

2. Il est difficile ici de ne pas être un peu technique : l'équation de Dirac met en jeu des matrices obéissant aux règles de l'algèbre de Clifford, dites « matrices gamma », dont les composantes sont tantôt réelles (au sens où ce sont des nombres réels), tantôt complexes (au sens où ce sont des nombres complexes, avec une partie imaginaire). Majorana, lui, identifie d'autres matrices satisfaisant aux règles de la même algèbre, les « matrices de Majorana », dont toutes les composantes sont des nombres imaginaires purs (de partie réelle nulle), ce qui permet à la nouvelle équation ainsi obtenue d'avoir des solutions réelles (au sens où elles ne sont pas complexes). Ces solutions réelles correspondent à des particules qui sont leurs propres antiparticules.

1930, d'autant qu'elles sont présentées avec un formalisme mathématique parfaitement original, qui s'appuie sur des symétries abstraites que les physiciens n'ont pas encore l'habitude d'utiliser. Son article sera donc très peu commenté au moment de sa publication. En outre, est-il nécessaire de tenter de le déchiffrer ? La théorie de Dirac, mieux connue et certainement plus abordable, est vite devenue la théorie de référence après la détection dans le rayonnement cosmique, par Carl Anderson, en mars 1932, du positron qu'elle avait permis de prédire. Dirac s'est même vu décerner le prix Nobel en 1933 pour ses travaux. Majorana a-t-il alors eu le sentiment que les siens resteraient un long moment au placard ?

Il existe toutefois des particules pour lesquelles le débat n'est toujours pas tranché, au sens où, pour les bien décrire, on ne sait pas encore si c'est à Dirac ou à Majorana qu'il faut s'adresser. Ces particules, ce sont les neutrinos, les seules particules de matière connues qui soient à la fois élémentaires et électriquement neutres.

Les neutrinos sont des sortes d'anges microscopiques. Ils se propagent dans l'espace avec une absolue discrétion, traversent les choses pratiquement comme si elles n'existaient pas : êtres fantomatiques, ils n'interagissent presque pas avec la matière, au point que des centaines de milliards de neutrinos en provenance du Soleil peuvent traverser notre corps à chaque seconde sans que nous nous en rendions compte, de jour comme de nuit.

Aussi énigmatiques et aussi discrets que Majorana, les neutrinos sont devenus l'un des principaux enjeux de la recherche en physique contemporaine. Car, s'ils se révélaient identiques à leurs propres antiparticules, on comprendrait mieux comment la matière l'a emporté sur l'antimatière dès les premières phases de l'histoire de l'Univers : alors que les deux étaient également présentes, la seconde a très vite disparu, laissant la première seule au monde[1].

Mais il y a autre chose, de plus important encore, qui pourrait remettre Majorana sur le devant de la scène. Voilà quelques dizaines d'années, la plupart des astrophysiciens se sont convaincu qu'il existe, en plus de la matière que nous voyons, une matière « supplémentaire » qui agit gravitationnellement mais n'émet pas de lumière. Ils l'ont appelée la matière noire. Noire au sens où elle demeure mystérieuse, nullement au sens physique du terme. Il s'agit plutôt d'une matière qui n'émet ni n'absorbe de rayonnement lumineux, et qui est parfaitement transparente à la lumière.

1. Voir annexe I, « Les échos contemporains de Majorana », p. 179.

De quoi cette matière noire est-elle faite ? Est-il possible qu'elle soit constituée de particules que nous connaissons déjà ? Les physiciens l'ont longtemps pensé, mais des observations plus précises les ont fait changer d'avis. S'il est vrai qu'elle existe, la matière noire serait donc composée de particules radicalement différentes de celles que nous avons déjà identifiées. Mais quelles pourraient-elles être ? Les particules de Majorana sont d'excellentes candidates[1] ! Encore faut-il démontrer qu'elles ne sont pas des chimères de théoriciens, presque toujours guettés, on le sait d'expérience, par le risque de voir des fées au fond du jardin.

On l'aura compris, Majorana n'est pas un théoricien comme les autres. Se peut-il qu'il ait eu assez de génie pour résoudre un problème capital de l'astrophysique à une époque où celui-ci ne s'était pas encore posé et où les mots pour le formuler précisément n'existaient pas ? Je parie que bientôt, au détour de quelque détection expérimentale auprès du LHC ou ailleurs, des physiciens découvriront de nouvelles particules, identiques à leurs propres antiparticules, qui rendront un vibrant hommage à celui qui fut le premier à les avoir imaginées exactement comme elles apparaîtront. Et nul ne doute

1. Voir annexe I, p. 179.

que Majorana aura alors sa rue au CERN, une vraie rue, avec un vrai panneau, identique à celui que ma mémoire exorbitée était persuadée d'y avoir vu.

9

VOIR NAPLES ET DISPARAÎTRE

> Entre la vie et moi, une vitre mince.
> J'ai beau voir et comprendre la vie très
> clairement,
> je ne peux la toucher.
>
> FERNANDO PESSOA

Le 25 octobre 1937, un comité de sélection se réunit pour attribuer la chaire de physique théorique de l'université de Palerme — Fermi et Persico en font partie. Après délibérations, le comité choisit Gian Carlo Wick, un *ragazzo* de la via Panisperna au parcours plus académique.

Majorana obtiendra toutefois une compensation, et non des moindres. Dans le compte rendu de ses délibérations, le jury précise qu'il a « hésité à appliquer au candidat la procédure habituelle des concours universitaires[1] » : ses

1. Lettre du 25 octobre 1937 de la Commission d'attribution au ministre de l'Éducation nationale, Giuseppe Bottai.

publications, bien que peu nombreuses, sont comparables à nulle autre et sa trajectoire est si atypique… Alors on crée pour lui une chaire de physique théorique à l'université des sciences de Naples, du fait de ses « mérites exceptionnels » et de sa « grande notoriété, qui est amplement justifiée[1] ». Le décret de sa nomination paraît sans tarder, le 4 décembre.

Un mois plus tard, Majorana quitte Rome et tout ce qui va avec. À Naples, il retrouve la palette de l'art baroque, mais aussi la mer et le volcan… Un peu de sa Catane natale. De la baie, il peut voir le Vésuve.

Il s'installe d'abord à l'hôtel Napoli, puis au Terminus et, trois semaines plus tard, à l'hôtel Bologna, plus propre, plus confortable. Il y prépare son enseignement avec beaucoup de sérieux. Il est content : bientôt il aura une chambre qui donnera sur la via Agustino Depretis, une artère passante. De son hôtel jusqu'à l'Institut de chimie et de physique, il y a quelques centaines de mètres qu'il parcourt à pied. L'Institut est situé dans l'enceinte de l'université, sur le corso Umberto I, en plein centre historique. Son directeur, Antonio Carelli, l'accueille chaleureusement.

Citée dans la préface de *Ettore Majorana, Notes on Theoretical Physics*, éd. Salvatore Esposito, E. Majorana Jr., Alwyn van der Merve and Erasmo Recami, Dordrecht/Boston/London, Kluwer Academic Publishers, 2004, p. xv.

1. Lettre du 25 octobre 1937, *loc. cit.*

J'ai rencontré le doyen et nous sommes convenus de ne donner aucun caractère officiel à l'ouverture de mon cours ; c'est aussi pour cette raison que je ne vous conseillerais pas de venir me voir, écrit-il à sa mère quelques jours après son arrivée. *Carelli s'est montré très aimable et aujourd'hui nous avons commandé des meubles pour mon bureau, qui me sont offerts par la faculté. L'Institut se résume à la personne de Carelli, d'un vieil assistant, Maione, et d'un jeune assistant, Caccemo. Il y a aussi un professeur de géophysique difficile à localiser* [...].

L'Institut est très propre, ordonné, mais peu équipé. Naples est très convenable, du moins dans le centre, mais qu'il est étrange d'y voir si peu de voitures[1].

Le 13 janvier, il prononce à voix basse, devant tous les autres professeurs de l'université, son discours inaugural, pour l'essentiel consacré à la bonne façon d'enseigner la physique quantique. Qui veut présenter l'état actuel de la physique quantique, explique-t-il, a le choix entre deux méthodes en un sens opposées : la méthode historique, qui explique comment les idées à la base du nouveau formalisme sont apparues à

1. Lettre du 11 janvier 1938, *in* Erasmo Recami, *op. cit.*, p. 116.

un moment donné pour rendre compte de telle découverte expérimentale, ou à la suite d'un progrès théorique ; ou bien la méthode axiomatique, qui met l'accent sur le formalisme mathématique tel qu'il est aujourd'hui, en faisant fi de son mode de construction historique. Majorana juge les deux approches inadaptées : « L'utilisation exclusive de l'une ou l'autre approche présente de graves inconvénients. » Il propose donc une alternative : « La seule façon de rendre la vie plus facile à ceux qui se lancent dans l'étude de la physique de l'atome, sans sacrifier l'origine historique des concepts ni le formalisme que nous utilisons aujourd'hui, est de commencer par une discussion large et claire des outils mathématiques qui sont essentiels en physique quantique[1]. » C'est en effet la seule méthode susceptible d'exhiber la « chair vivante » de la physique quantique tout en donnant les moyens de la maîtriser. Pour comprendre le sens et la portée d'un concept, il faut le faire vivre dans un jeu d'équations, mais aussi expliquer comment il est apparu à un certain moment de l'histoire des idées, tenter de dire ce que fut la boussole intérieure de l'esprit qui fut le premier à le concevoir. Ainsi apparaît une poétique de

1. *Preliminary notes for the inaugural lecture, in* Majorana (E.), 2006, *Scientific Papers*, éd. Giuseppe Franco Bassani and the Council of the Italian Physical Society, Berlin, Springer-Verlag, p. 274-275.

la physique quantique qui la rend plus aisément transmissible et digeste.

Peu après son arrivée a lieu une étrange rencontre. Un certain Giuseppe Occhialini est de passage à Naples pour quelques heures, le temps de saluer Carelli, qui est son ami. Avec l'aide du Britannique Patrick Blackett, ce jeune physicien italien vient tout juste de réaliser une expérience qui précise le comportement du positron : au contact d'un morceau de matière, il disparaît soudain pour laisser place à deux photons de haute énergie. Occhialini visite l'institut, guidé par Carelli, quand au détour d'un couloir les deux hommes en croisent un troisième, frêle et sombre. Carelli fait les présentations. Occhialini en a les jambes coupées : il vient de serrer la main de Majorana, qu'il considère comme un demi-dieu. Et le demi-dieu lui adresse quelques mots sibyllins : « Vous arrivez juste à temps : si vous étiez venu plus tard, vous ne m'auriez plus trouvé. » Puis il ajoute : « Car il y a ceux qui en parlent et ceux qui le font[1]. » Occhialini ne comprendra le sens de ces paroles que beaucoup plus tard.

Majorana donne son premier cours de physique théorique le 25 janvier. Les étudiants

1. Propos rapportés par Giuseppe Occhialini en personne dans le documentaire et l'ouvrage de Bruno Rosso, *Ettore Majorana : Un giornio di marzo*, Palermo, Flaccovio, 1997.

officiellement inscrits sont au nombre de cinq : quatre femmes — Filomena Altieri, Laura Mercogliano, Nada Minghetti, Gilda Senatore — et un homme — Sebastiano Sciuti. Cette violation massive de la parité est spectaculaire pour l'époque ! (Personne n'a pu m'expliquer pourquoi c'étaient majoritairement des femmes qui étudiaient la physique à Naples à la fin des années 1930.) Il y a aussi quelques auditeurs libres, dont un certain Eugenio Moreno, venu dans l'unique but de faire la cour à la si bien nommée Gilda Senatore, qui est de toute beauté. Mais c'est pour le cours de Majorana que Moreno va se passionner, au point de prendre très scrupuleusement des notes qui se révéleront un jour précieuses[1]. Les sujets abordés sont variés et supposent un niveau de connaissances très élevé, trop parfois : théorie de la relativité restreinte, effet Compton, effet photoélectrique, théorie classique du rayonnement, intégrales de Fourier, intégration des équations de Maxwell, transformations de Lorentz, opérateurs linéaires, matrices infinies… Le professeur remplit le tableau de formules mathématiques avec une telle aisance et à une telle vitesse que certains étudiants ne parviennent pas à le suivre.

1. Elles seront retrouvées en septembre 2004 dans les archives de Cesare Moreno, son fils, par deux chercheurs, Antonino Drago et Salvatore Esposito. Ces documents ne font que confirmer la profondeur et la clarté d'esprit de Majorana.

Lorsqu'il s'en rend compte, il enclenche maladroitement la marche arrière et tente de les aider. Lui pourtant prompt à s'agacer ne s'impatiente jamais. Il fait même preuve de beaucoup de gentillesse, mais il chuchote plutôt qu'il ne parle, contraignant sans le vouloir ses élèves à s'asseoir au tout premier rang et à tendre l'oreille pour le comprendre.

Après son cours, il passe voir Carelli dans son bureau et ils ont parfois de longues conversations sur les problèmes de physique du moment, notamment sur sa théorie du neutrino. Carelli sent bien que Majorana est impliqué dans un travail de recherche qu'il mène secrètement, hors les murs de l'institut, dans le huis clos de sa chambre d'hôtel.

La pratique de l'enseignement ne rend pas Majorana moins timide. Un jour que Sebastiano Sciuti vient le trouver à la fin d'un cours pour lui demander une explication, Majorana marche de conserve avec lui jusque dans la rue et, une fois le problème clarifié, s'éloigne à grands pas, sans même prendre congé de son élève…

Il se dit cependant satisfait de son sort : « Je reprends les cours samedi. Je suis content de mes étudiants, dont certains semblent résolus à prendre la physique au sérieux[1] », écrit-il à Gen-

1. Fonds Edoardo Amaldi, archives du département de physique, université La Sapienza, Rome.

tile Jr. au début du mois de mars. L'après-midi, il fait de longues marches dans les quartiers les plus animés de la ville. Souvent, il va au Rosso e Nero, un bar élégant de la via Partenope qui longe la mer, près de l'îlot de Mégaride. Il a besoin de voir la vie, et les Napolitains l'incarnent au plus haut point : ils sont exubérants, fantaisistes, pleins d'imagination. Pourtant, il ne fréquente personne et n'a pas le moindre début de vie sociale. Toujours cette dissonance, cette incapacité à s'arrimer à la vie ordinaire. À Naples, Majorana est finalement plus seul qu'à Rome. Et toujours indéchiffrable, à l'image de certains motifs baroques.

Cependant, lorsqu'il s'adresse à sa mère, il ne laisse rien transpirer de son état. Il est factuel, comme souvent, et attentif aux détails du quotidien :

Je vais prendre toutes les précautions pour mon linge, lui écrit-il le 9 mars. *À l'hôtel, deux pancartes affirment avec emphase que le lavage et le repassage sont irréprochables.*

Il fait beau, un temps idéal pour naviguer dans le golfe.

Comment va le sport hivernal ? Je crois que Maria a fait de grands progrès en peinture et qu'elle pourra bientôt m'envoyer la photographie de ses œuvres les plus célèbres…[1].

1. Lettre à sa mère, *in* Erasmo Recami, *op. cit.*, p. 121.

Vendredi 25 mars, jour de l'Annonciation, il n'a pas cours mais se rend tout de même à l'université. Une ombre se faufile, semble glisser sur les murs. C'est Majorana qui cherche quelqu'un et arpente silencieusement les longs couloirs mal éclairés. Il aperçoit Gilda Senatore (que je ne peux m'empêcher d'imaginer sous les traits et avec les formes de Rita Hayworth) en train de réviser ses cours dans la bibliothèque et l'appelle à voix basse : « Mademoiselle Senatore, Mademoiselle Senatore... » Elle lève la tête, ne voit rien. Il l'appelle à nouveau, fait un signe de la main. Ça y est, elle reconnaît la silhouette introvertie de son professeur et se lève. Il a d'abord un mouvement de recul, comme s'il avait peur, puis revient, saisit le bras de la jeune femme et lui remet une grosse boîte en carton : « Mademoiselle Senatore, voici quelques manuscrits et quelques notes[1], gardez-les, on en parlera plus tard... Je vous en prie. On en parlera plus

1. Dans l'un des manuscrits, on découvrira par la suite des bribes du formalisme de l'électrodynamique quantique, qui ne sera élaboré qu'après la Seconde Guerre mondiale. Ce texte fut sans doute rédigé en 1933 en vue d'une conférence de physique qui eut lieu en Russie, où la langue scientifique en usage était le français. Il peut s'agir de la conférence de Leningrad (septembre 1933) ou de celle de Kharkov (mai 1934). Majorana, qui y était convié, ne se rendit finalement ni à l'une ni à l'autre.

tard. » Puis il tourne les talons en lui adressant encore un petit signe.

Le soir même, il se rend au port et embarque sur un navire postal de la Tirrenia qui fait la liaison Naples-Palerme. À 22 h 30, le bateau lève l'ancre. Il accoste à Palerme à 5 h 30.

Le lendemain, à 11 heures, Carelli reçoit un télégramme urgent que Majorana lui a envoyé de Palerme : il va recevoir une lettre mais ne doit surtout pas s'en alarmer. Carelli ne comprend pas ce qui se passe. À 14 heures, il reçoit la lettre annoncée. Majorana l'a postée de Naples, la veille, quelques heures seulement avant d'embarquer :

Naples, le 25 mars 1938.

Cher Carelli,

J'ai pris une décision qui est désormais inévitable. Il n'y a nulle goutte d'égoïsme en elle, mais je me rends bien compte que ma disparition improvisée risque d'être une source d'ennuis, pour toi comme pour les étudiants. C'est pourquoi je te prie de me pardonner, et surtout pour avoir déçu la confiance, la sincère amitié et la sympathie que tu m'as témoignées tout au long de ces mois. Je te prie aussi de me rappeler au bon souvenir de ceux que j'ai appris à connaître et à apprécier dans ton Institut, en particulier à Sciuti. D'eux tous je conserverai un heureux souvenir au moins jusqu'à onze heures ce soir et, si cela est possible, même après.

E. MAJORANA[1].

Le 27, un dimanche, Carelli reçoit un troisième mot, écrit sur le papier à en-tête du Grande Albergho Sole de Palerme et posté en express quelques heures après le télégramme :

Palerme, le 26 mars 1938.

Cher Carelli,

J'espère que mon télégramme ainsi que ma lettre te seront parvenus ensemble. La mer m'a refusé [il mare mi ha rifiutato] *et je retournerai demain à l'hôtel Bologna, en voyageant peut-être sur le même bateau que ce mot. J'ai cependant l'intention de renoncer à l'enseignement. Ne me prends pas pour une jeune fille d'Ibsen, car mon cas est différent. Je suis à ta disposition pour des détails ultérieurs.*

Ton dévoué

E. MAJORANA[2].

Cette lettre constitue l'ultime trace tangible de Majorana vivant. Le lundi 28, il ne réapparaît ni à l'institut ni à l'hôtel Bologna. Carelli

1. Fonds Edoardo Amaldi, archives du département de physique, université La Sapienza, Rome. Cet extrait et les suivants ont été traduits par l'éditeur.

2. Fonds Edoardo Amaldi, archives du département de physique, université La Sapienza, Rome.

n'est plus seulement inquiet, il est sous le choc. Il prévient la famille qui est à Rome et demande à la préfecture de police de Naples de contacter celle de Palerme : il faut passer au crible tous les hôtels de la ville. Mais les recherches ne donnent rien.

Peu de temps après, on découvre une enveloppe que Majorana a laissée dans sa chambre d'hôtel napolitaine, portant la mention « À ma famille » :

Naples, le 25 mars 1938.

Je n'ai qu'un seul désir : que vous ne vous vêtiez pas de noir. Si vous voulez vous plier à l'usage, portez, mais pas plus de trois jours durant, un signe de deuil quelconque. Ensuite, si vous le pouvez, gardez-moi dans votre cœur et pardonnez-moi.

Votre dévoué

ETTORE[1].

On dirait la chronique d'une mort annoncée. Carelli est désemparé. Le 30, il décide d'alerter le recteur de l'université et Fermi, lequel est sur le point d'obtenir le prix Nobel pour ses découvertes en physique nucléaire, plus précisément « pour ses démonstrations de l'existence de nouveaux éléments radioactifs produits par irradiation de neutrons ». Le Pape, bouleversé, télé-

1. *Idem.*

phone à tous ceux qui pourraient le renseigner, et tous marquent leur surprise. Puis il tente de recouvrer son calme et décide d'écrire à celui qui tient le pays d'une main de fer, Benito Mussolini. Les deux hommes se connaissent. Neuf ans plus tôt, le Duce a nommé Fermi membre de l'Académie royale d'Italie, institution tout juste créée pour concurrencer l'Académie des Lincei, dominée par les antifascistes. Fermi n'a pourtant jamais éprouvé la moindre sympathie pour la doctrine fasciste et, en 1938, alors que le climat politique devient de plus en plus lourd et coercitif, il n'est plus du tout en odeur de sainteté auprès des autorités[1].

Néanmoins, son message du 31 mars est entendu, comme en témoigne la note du ministère de l'Intérieur adressée trois jours plus tard à toutes les polices et gendarmeries de la Péninsule : « Tout doit être mis en œuvre, et rapidement, pour retrouver Ettore Majorana, [...] avec la plus grande discrétion vis-à-vis de l'intéressé », ainsi décrit : « Taille : 1,68 m. Visage allongé, grands yeux vifs, cheveux noirs, teint mat. Pardessus gris fer, chapeau marron foncé. »

L'administration se saisit de l'affaire en toute

1. Fermi saisira l'occasion du Nobel, qui doit lui être remis à Stockholm en décembre 1938, pour fuir aux États-Unis avec sa femme, Laura, d'appartenance juive, à bord du paquebot *Franconia*. Il est invité par l'université Columbia (New York) à donner une série de cours.

urgence. Et c'est Fermi qui apporte une réponse au pourquoi de cet empressement : « Parce qu'il existe diverses catégories d'hommes de science : les scientifiques de deuxième rang, hommes de la périphérie inaptes à se relier au centre même de la science, qui font simplement de leur mieux mais ne vont jamais bien loin ; les scientifiques de premier rang, qui parviennent à des découvertes de grande importance, fondamentales pour le développement de la science (Fermi, qui avait pourtant une haute opinion de lui-même, se plaçait dans cette catégorie) ; enfin, les génies, de la trempe de Galilée et de Newton. Majorana est de ceux-là ; il a des dons qu'il est le seul au monde à posséder. Malheureusement, il lui manque ce qu'il est courant de trouver chez les autres hommes : le simple bon sens[1]. » Et sans ce pragmatisme ordinaire, la vie quotidienne peut facilement tourner au désastre.

Les semaines passent et les recherches piétinent. La perspective de la guerre préoccupe tout le monde. Le 27 juillet 1938, Fermi écrit une nouvelle lettre à Mussolini, dans le but de relancer les investigations :

1. Ces propos tenus par Fermi à Giuseppe Cocconi en janvier 1938 sont rapportés dans la préface du livre *Ettore Majorana, Notes on Theoretical Physics*, éd. Salvatore Esposito, E. Majorana Jr., Alwyn van der Merve and Erasmo Recami, Dordrecht/Boston/London, Kluwer Academic Publishers, 2004, p. XIII.

> [...] *Majorana, parmi tous les savants italiens et étrangers que j'ai eu l'occasion d'approcher, est celui qui m'a le plus frappé par la profondeur de son esprit.*
>
> *Il est capable dans le même temps de développer des hypothèses audacieuses et de critiquer avec acuité ses propres travaux et ceux des autres. C'est un calculateur expert et un mathématicien profond qui, derrière le voile des chiffres et des algorithmes, ne perd jamais de vue l'essence réelle des problèmes physiques. Ettore Majorana réunit au plus haut degré ces aptitudes qui forment le théoricien de grande classe*[1].

Quant à la famille, elle promet une récompense de 30 000 lires, une somme alors considérable, à qui donnera des nouvelles du fils prodige. Durant des mois, elle fait paraître dans les plus grands quotidiens, notamment la *Domenica del Corriere*, de nombreux avis de recherche (photographie à l'appui) et un appel directement destiné à Ettore pour qu'il rentre à la maison.

Dorina, sa mère, a fait valoir toutes ses amitiés et elle prend la plume, elle aussi, pour s'adresser au Duce le 27 juillet 1938 :

1. *In* Erasmo Recami, *op. cit.*, p. 125.

Votre Excellence,

[...] *Sa disparition douloureuse et imprévue remonte à quatre mois et la seule trace dont on dispose est celle-ci : dans les derniers jours de mars ou les premiers d'avril*[1], *Ettore Majorana s'est présenté au père supérieur de l'église du Gesù Nuovo, à Naples, dans un état très agité et lui a demandé de l'accueillir : il voulait faire une retraite, faire l'expérience d'une vie religieuse.*

Sa requête n'ayant pu être acceptée sur-le-champ, pour des motifs évidents, il a disparu et n'a plus donné de nouvelles. Toutes les enquêtes menées auprès des autorités ecclésiastiques ont été infructueuses.

Il fut toujours sage et équilibré, et le drame de son âme ou de ses nerfs semble donc un mystère. Mais une chose est certaine, et c'est ce qu'attestent avec certitude tous ses amis, la famille et moi-même, qui suis sa mère : jamais nous n'avons remarqué chez lui des précédents cliniques ou moraux qui peuvent

1. À la suite des appels lancés par voie de presse, le père Francesco se manifesta un jour de mai 1938 : il fit savoir qu'à la fin du mois de mars ou au début du mois d'avril (il ne se souvenait pas de la date précise, encore une incertitude) il avait reçu la visite d'un jeune homme très inquiet, agité, pressé aussi, qui ressemblait trait pour trait au portrait paru dans les journaux. Il ne pouvait répondre favorablement à sa demande, car les séjours longs exigeaient qu'on suivît les règles d'admission de l'ordre des jésuites. Il pouvait seulement lui offrir l'hospitalité pour quelques jours. Le jeune homme répondit : « Merci. Excusez-moi », puis quitta les lieux. Il n'a donc pas été possible d'établir son identité ni si cette visite avait été antérieure ou postérieure au 25 mars.

faire penser au suicide ; au contraire, la sérénité et la sévérité de sa vie et de ses études permettent, et même imposent, de le considérer seulement comme une victime de la science.

[…]

S'il m'est permis de donner un avis, je recommanderai que des recherches soient menées à la campagne, où il a pu se réfugier dans quelque ferme et échapper ainsi à la vigilance de la police et vivre sur les quelques milliers de lires qu'il a emportées avec lui[1].

Rien n'y fait. Toutes les recherches, tous les efforts demeurent vains.

Depuis ce 26 mars 1938, Ettore Majorana n'a pas donné le moindre signe de vie et son corps n'a pas été retrouvé.

1. *In* Erasmo Recami, *op. cit.*, p. 123.

10

TRAGÉDIE QUANTIQUE

> Dans une autre vie, j'aurais pu être toi, disait-elle.
> Ouais, mais dans une autre vie, j'aurais été quelqu'un d'autre.
>
> BOB DYLAN

Ettore Majorana... Ce nom sonne d'abord comme le surgissement d'une absence. Car cet homme-là a fini par s'essentialiser dans sa disparition, qu'il a orchestrée d'une façon telle qu'elle a éclipsé son existence. Elle donne à croire qu'elle le résume et le raconte davantage que tout le reste, que c'est en elle, paradoxalement, qu'on peut espérer le trouver. À tel point qu'il est très difficile de voir les choses autrement. Majorana n'a peut-être forgé le projet de disparaître que deux ou trois jours seulement avant de le mettre à exécution, mais ce choix rétroprojette son ombre sur tous les événements antérieurs de sa vie. Comme s'il n'avait jamais eu d'autre intention qu'échapper un jour au commerce des hommes. Comme si chaque instant de sa vie avait été régi par la perspective de l'évasion. Comme si, en somme, l'issue de sa vie en avait été le but dès le début… Rassemblée en une phrase, la vie d'Ettore Majorana, c'est d'abord la promotion d'une évanescence dans l'ontologie radicale.

Affaire de puissance destinale, d'appel irrépressible : je me dois d'aller là où Majorana daigna se laisser voir une dernière fois avant de s'évaporer on ne sait où. Le 14 mars 2013, je débarque donc entre mer et volcan, dans la ville de *Parfum de femme* et de *Plein soleil*. C'est ici, enfin, au contact d'une beauté somptueuse et bizarre, dans des ruelles trépidantes et sales, que j'ai palpé en différé la présence fantomatique de Majorana. Comme si pour la première fois son passé et mon présent se superposaient en un même lieu. Il n'a vécu que trois mois à Naples et j'ai le sentiment de marcher sur ses pas. Les questions défilent : pourquoi s'est-il rendu à Palerme ? Certes, son ami Emilio Segrè y enseignait, mais il se trouvait aux États-Unis à ce moment-là. Pourquoi sa mère écrit-elle que son fils a été « une victime de la science » ? Se serait-il exténué à la tâche ? Ou ce qu'il a découvert l'aurait-il effrayé, terrassé, affolé ? Aurait-il anticipé, bien avant tous les autres physiciens, l'avènement de la bombe atomique, comme l'a suggéré Leonardo Sciascia dans *La Disparition de Majorana* ? Aurait-il entrevu l'horreur d'Hiroshima et de Nagasaki, la dévastation, les brûlures, l'épouvante ? Me revient à l'esprit tout ce que j'ai lu et relu sur sa disparition et qu'à force je sais par cœur.

Comment aurait-il pu prévoir la fission, mais aussi la possibilité de construire des bombes atomiques ? C'est seulement en décembre 1938, neuf mois après sa disparition, que diverses expériences démontreront que les noyaux d'uranium 235, lorsqu'ils sont heurtés par des neutrons, peuvent fissionner en émettant une grande quantité d'énergie. Or le modèle théorique de l'interaction nucléaire qu'il a établi ne permet pas d'envisager un tel processus et encore moins de penser qu'il s'accompagne de la libération de neutrons pouvant provoquer une réaction en chaîne. La thèse de Sciascia apparaît pure fiction[1] à tous les historiens de la physique. Elle me fait songer à ce que Wittgenstein disait de Shakespeare : « Sa singularité est une sorte d'infortune par le fait que, pour lui trouver une place, on est obligé de lui en inventer une, faussement[2]. » Reste que Leonardo Sciascia pose

1. Voir l'annexe II, « Majorana et la bombe atomique », p. 191, où sont résumés les faits historiques et les arguments scientifiques qui invalident l'interprétation de Leonardo Sciascia.

2. Cité par George Steiner, « Une lecture contre Shake-

une question éthique fondamentale, celle de la responsabilité du physicien, de l'attitude qu'il devrait avoir lorsqu'il envisage les éventuelles applications mortifères de ses propres découvertes ou de celles de ses collègues. La puissance que nous a donnée la physique à l'aube de la Seconde Guerre mondiale interdit qu'on élude pareille interrogation.

Quelque chose en tout cas s'est insinué dans la vie napolitaine de Majorana, à première vue paisible, réglée, plaisante. Un doute, une menace, un danger ? Un éclair livide, oblique, annonciateur d'événements complexes, de pièges, de malheurs ? Le suicide de l'Europe est imminent et Majorana en sait déjà quelque chose : il a grandi durant la Première Guerre mondiale, cette « marée de sang » dont parlait Yeats, cette installation de l'enfer juste au-dessus du sol. Il n'ignore pas les correspondances entre la matrice des civilisations avancées et la fabrique de l'inhumain. Il n'ignore pas que les sciences de la nature, les préoccupations intellectuelles, l'art, de nombreuses formes d'érudition peuvent, dans le temps aussi bien que dans l'espace, fleurir très près des lieux de massacre.

---

speare », *in Œuvres*, sous la direction de Pierre-Emmanuel Dauzat, Gallimard, coll. Quarto, 2013, p. 280.

Je déambule via Agostino Depretis et je demande dans mon italien de touriste où se trouve l'hôtel Bologna, sa dernière résidence connue. Personne ne peut me répondre. Heureusement, j'ai un numéro, 72. À cet endroit, un bâtiment fait l'angle avec une petite rue sombre. La ville y a installé des services administratifs depuis le tremblement de terre de 1980, me raconte-t-on au café du coin. Avant, c'était bien un hôtel. Je grimpe l'escalier quatre à quatre, sous des néons blafards. À chaque étage, je trouve porte close. Les services publics sont fermés au public en pleine semaine. Je repars en direction de l'université. J'entre dans la cour qui abrite l'institut de chimie et de physique, invisible de la rue. Si quelques palmiers n'indiquaient que je me trouve à une latitude méditerranéenne, j'aurais l'impression d'être à Leipzig : je découvre un édifice gris et blanc, trapu, de deux étages, auquel on accède par un grand escalier extérieur en marbre et, tout là-haut, un aigle à l'allure martiale qui culmine au-dessus d'une grosse horloge, prêt à s'envoler.

Je veux entrer dans l'amphithéâtre où Majorana donnait ses cours. L'hémicycle est pentu, impressionnant et peut accueillir environ cent cinquante personnes. Je m'assois tandis qu'une enseignante donne un cours de sociologie sans prêter attention à ma présence. Seuls l'éclairage et le tableau ont dû changer depuis 1938. Chétif, timide et sans micro, Majorana devait s'y sentir perdu ou écrasé par l'espace alentour. Et je me demande s'il existait un cadre institutionnel où il pût avoir sa place.

À la bibliothèque, je trouverai peut-être quelque chose. Elle détient l'un des plus riches fonds d'Italie. Mais c'est un fonds non informatisé et j'ouvre des tiroirs contenant des centaines de fiches classées par ordre alphabétique. Je tombe sur les références des cours que Majorana a donnés à Naples et qui ont été publiés. C'est tout. Pas d'autre trace. Et rien dans ces murs chargés d'Histoire pour rappeler qu'il a été présent. Ni salle portant son nom, ni hommage, ni buste. Je suis déçu.

Je descends la rue Mazzocanone, m'attarde devant les vitrines des librairies et finis par entrer chez Dante & Descartes, un nom qui concatène l'esprit français à l'âme italienne. J'y achète *Parigi, senza passare dal via*, d'un certain Francesco Forlani, en vertu d'un principe de symétrie transalpine. Le charme opère, mais il est de courte durée. Trop vite les questions reviennent, obsédantes. Pourquoi Majorana a-t-il écrit : « D'eux tous je conserverai un heureux souvenir au moins jusqu'à onze heures ce soir et, si cela est possible, même après » ? Une demi-heure après son départ, le paquebot Naples-Palerme était encore dans la baie, en vue du port et des lumières de la ville, avec des passagers sur le pont et l'équipage à la manœuvre. Un homme se jetant à la mer à ce moment-là aurait toutes les chances sinon d'être sauvé, du moins d'être vu. Je n'imagine pas que Majorana n'ait pas su anticiper cela. « Et si cela est possible, même après » : Majorana voulait-il emporter dans la mort le souvenir de ses proches ? Ou sa décision n'était-elle pas aussi inéluctable qu'il le dit ?

J'ai besoin d'en avoir le cœur net. Soixante-quinze ans presque jour pour jour après lui, le 18 mars 2013, je descends jusqu'au port et j'embarque sur le bateau de nuit pour Palerme de la compagnie Tirrenia.

Je me sens à la fois ému et concentré, pour ainsi dire recueilli. Je tente d'imaginer dans quel état d'esprit, ou plutôt état d'âme, était Majorana cette nuit du 25 mars 1938, et j'oscille entre agitation, panique et soulagement. Peut-être a-t-il éprouvé la sérénité de ceux qui, après de terribles tourments, comprennent que leur décision est enfin prise, que c'en sera bientôt définitivement fini. Ses lettres n'ont pas été écrites par un fou ni par un délirant. Et elles sont sans *pathos* : nulle vibration d'un lointain violon, nulle angoisse perceptible, comme si leur auteur s'était voilé. En sourdine, néanmoins, comme un refrain mélancolique. Je marche le long des coursives en tentant de me figurer le suicide comme une issue possible, peut-être la seule, pour ceux qui se trouvent impuissants à abolir *exactement* un certain mal dont ils souffrent *insupportablement*. La mort ne peut-elle apparaître, dans certains cas limites, comme plus simple que toute existence à vivre, de la même façon que le néant est plus simple que toute chose réelle ?

En profitant de la noirceur du ciel et en calculant bien son affaire, il doit être possible de se jeter à l'eau sans être vu. Mais je n'ai pas cherché à confirmer mon impression. Je suis resté cramponné à la rambarde du navire, dans le vent et le froid, à regarder la houle. Majorana a-t-il pensé à ce que deviendrait son corps s'il se jetait à l'eau ? Cette question m'intrigue depuis longtemps. Je demande à un membre de l'équipage s'il est possible de rencontrer le commandant du paquebot. À ma grande surprise, ma requête est acceptée et le rendez-vous est fixé dans la zone d'accueil des passagers.

Le commandant, un Sicilien, apparaît à l'heure dite, 1 heure du matin. Il connaît l'histoire de son compatriote et me parle à voix basse, comme s'il craignait d'être entendu ou de réveiller un spectre. Je lui demande ce que deviennent les noyés qui dérivent dans cette zone de la mer Tyrrhénienne. Le marin paraît sûr de ses chiffres : la moitié d'entre eux ne sont jamais retrouvés, tandis que les autres, dérivant au gré des courants et des vents, atteignent les côtes de la Sicile, de l'Italie ou du sud de l'Espagne, près de Gibraltar. Majorana savait-il que son corps avait une chance sur deux d'être retrouvé s'il sautait par-dessus le bastingage ?

De retour sur le pont, je mesure au travers de mon propre corps quelle sorte de détermination furieuse il faut avoir pour accomplir en situation l'acte que Majorana dit avoir prémédité : vue de haut, agitée comme elle l'est cette nuit, la mer Tyrrhénienne me semble très violemment répulsive, comme j'imagine toutes les mers du monde en semblables circonstances.

Suicidaire, il ne devait pas l'être. Du moins pas assez. Car le matin du 26 mars 1938, il était sur la terre ferme de Palerme, d'où il envoyait le télégramme puis la seconde lettre à Antonio Carelli. Que d'informations contradictoires ! C'est à ce moment précis que Majorana devient pour Carelli un chat de Schrödinger, c'est-à-dire la superposition quantique d'un être vivant et du même être mort. Cette superposition fut de courte durée : « La mer m'a refusé », avoua Majorana. Mais cette phrase est trop ambiguë, trop énigmatique pour m'aider. Le projet de sauter par-dessus bord sans être vu aurait-il échoué lors du voyage aller, obligeant Majorana à remettre sa tentative au voyage retour ou à plus tard encore ?

Toutes les hypothèses ont été évoquées, argumentées, défendues. Aucune n'a pu être rejetée, aucune n'a pu être démontrée. Majorana a minutieusement « architecturé » sa disparition de telle façon qu'il fût impossible de savoir ce qui lui est arrivé. Lui, qui fut un surgénie de la physique, fut aussi, en l'occurrence, un champion de l'ambivalence. Jusqu'à cette lettre destinée à sa famille laissée dans sa chambre d'hôtel, où il lui demande de ne porter le deuil que trois jours. Pourquoi seulement trois ? Voulait-il qu'on fît comme s'il était mort, mais un peu mort seulement ?

À ce jour, sa disparition demeure un cas indécidable. Elle est tout à la fois, ou au choix, une application vivante et sicilienne du théorème d'incomplétude de Gödel, une élévation du principe d'indétermination de Heisenberg au rang d'absolu, une métaphorisation de la dialectique de l'être et du non-être au travers du corps d'un physicien peu ordinaire. Chaque fois qu'une piste ou une hypothèse devient crédible, un nouvel élément apparaît qui empêche qu'on y croie complètement, de sorte que le puzzle ne se recompose jamais intégralement. Une chose est certaine : à ce moment-là de sa vie, il lui fallait partir à tout prix, d'une façon ou d'une autre. Il était arrivé au bout de quelque chose. Mais de quoi ? De l'enseignement ? De ses forces ? Il était malade et ses maux d'estomac chroniques ont pu l'épuiser. Un médecin lui avait-il annoncé qu'il était condamné ?

Je relis sa toute dernière lettre et cette phrase qui n'a cessé de m'interroger : « Ne me prends pas pour une jeune fille d'Ibsen, car mon cas est différent. » Tout homme, raconte Ibsen à longueur de pièces, est tiraillé entre deux tendances opposées : d'un côté, sortir de sa condition, prendre de la hauteur, atteindre la dimension spirituelle de son existence ; de l'autre, redescendre sur Terre et vivre en humain parmi les humains. Ibsen veut que « tout individu navigue sous son propre pavillon », sans jamais s'extraire totalement de la communauté humaine. Cet équilibre délicat à trouver et à maintenir était vraisemblablement inaccessible pour Majorana.

On songe d'abord à *Une maison de poupée*, qui fit l'effet d'une bombe en 1879. C'était la première fois qu'apparaissait sur scène une femme affranchie, libérée, Nora, une femme qui refuse les jeux de rôle et choisit son destin : voulant échapper à une vie et à un amour mortifères, elle décide d'affronter le réel et quitte son mari. Majorana voulait-il signifier à Carelli qu'il n'avait pas l'intention de rompre le contrat qui les liait ? Il lui annonce pourtant dans le même mot qu'il renonce désormais à faire cours… On songe ensuite à Hedda Gabler, qui se suicide à la fin de la pièce éponyme. Majorana a-t-il voulu signifier que lui n'a pas ou n'a plus l'intention de mettre fin à ses jours ?

Ibsen offre encore une autre piste, moins

évidente, celle du « mensonge vital » dont on comprend aisément la signification — le mensonge qui aide à vivre en contrefaçonnant ou en promettant du bonheur. Mais je l'entends autrement : la vie se présente comme un miroir aux alouettes qui ment systématiquement à l'homme. Et Majorana, qui ne nourrissait guère d'illusions, en avait peut-être exceptionnellement forgé une : Naples serait le début d'une vie nouvelle. Mais Naples n'a pas changé son état fondamental et il s'y est même découvert invariant par translation dans l'espace. À peine arrivé, il veut s'en aller : « Vous arrivez juste à temps : si vous étiez venu plus tard, vous ne m'auriez plus trouvé. Il y a ceux qui en parlent et ceux qui le font », dit-il à ce Giuseppe Occhialini de passage. On dirait un destin à la Martin Eden, qui part s'établir sur une île et se laisse glisser à la mer avant de l'atteindre.

L'enquête a conclu que Majorana aurait repris le bateau pour Naples dès le soir du 26 mars, comme il l'annonçait dans sa deuxième lettre. La compagnie Tirrenia a en effet retrouvé son billet de retour, qu'elle n'a curieusement accepté de montrer qu'à la police. Selon le registre de la compagnie, il aurait voyagé dans la même cabine que deux autres hommes : Charles Price, dont on n'a jamais retrouvé la trace, et Vittorio Strazzeri, professeur de géométrie à l'université de Palerme. Selon le témoignage de Strazzeri, un des voyageurs avait un accent sicilien très prononcé et des manières frustes et joviales de négociant ou de petit entrepreneur, l'autre était un jeune homme qui a dormi durant toute la traversée et dont il n'a pu voir le visage. On peut penser qu'il s'agissait d'Ettore Majorana et, dans ce cas, il faut croire qu'il était toujours à bord et bien vivant quand le bateau a accosté à Naples et que l'autre passager, à l'accent sicilien prononcé, est celui qui portait contre toute attente un patronyme anglais. Mais on peut aussi penser qu'avant l'embarquement Majorana avait donné ou revendu son billet à cet homme assoupi et qui était peut-être le vrai Charles Price, ou à celui avec lequel Strazzeri a discuté pendant le voyage ! Labyrinthique.

Là encore, on peut tout imaginer, mais aucune conclusion ne s'impose. Majorana est une particule quantique dont la destinée superpose une multitude de trajectoires, sans qu'aucune puisse être considérée plus réelle que les autres. Finalement, la seule chose qu'on puisse dire aujourd'hui, c'est qu'il a disparu à une certaine date — qui est connue —, qu'il est mort à une autre date — qui n'est pas connue — et qu'entre ces deux événements le cours de sa vie a pu suivre mille et un scénarios différents, tous aussi plausibles et impossibles à départager.

Un détail n'a pas laissé d'intriguer les enquêteurs. Majorana avait pris soin d'emporter avec lui son passeport et il avait vidé son compte en banque quelques semaines avant sa disparition. À quoi peuvent servir des liasses de billets et un passeport dans l'au-delà ? « La semaine prochaine, je serai à court d'argent, avait-il écrit à sa mère dès le 22 janvier. Par conséquent, pourrais-tu prier Luciano de retirer tout ce qui reste sur mon compte et de me l'envoyer, après t'avoir restitué les mille lires que tu m'as récemment données ? J'ai de bonnes adresses pour les pensions fournies en infirmières… » Comme d'habitude, ni plainte ni pathos. Juste un peu d'ironie. Et c'est à peu près au même moment qu'il formule les propos qui ont paru si sibyllins à Occhialini[1].

Enfin, pour ajouter de la confusion à la confusion, il y eut cette lettre qu'un jeune physicien, Gilberto Bernardini, adressa en avril ou mai 1938 à son camarade Giovanni Gentile Jr. et qui s'ouvrait sur ces phrases troublantes : « Cher Giovanni, comme tu l'imagines, les nouvelles au sujet de Majorana m'ont fait grand plaisir. Ce n'est sans doute pas très reluisant, mais c'est moins tragique que ce que nous

1. Occhialini n'a compris l'allusion de Majorana que trop tard, et cet authentique *mal-entendu* l'a tourmenté toute sa vie. Ettore Majorana Jr. m'a confié qu'en 1993 Occhialini, mourant, avait appelé sa tante Maria pour lui certifier que Majorana avait prononcé ces paroles et lui confesser qu'il regretterait jusqu'à son dernier souffle de n'avoir pas su les décrypter.

avions pensé et on ne peut qu'en être heureux[1]. » La suite de la lettre ne dit pas de quelles nouvelles il s'agit. Sans doute Bernardini venait-il d'apprendre l'existence de la seconde lettre de Majorana, dans laquelle il annonçait qu'il ne souhaitait plus disparaître. Ou bien les deux amis étaient-ils liés par quelque secret. On ne peut que conjecturer, encore et toujours. Et tout cela confine à l'absurdité.

Je débarque à Palerme sous une pluie battante. Près du port, les bars sont ouverts et, de si bon matin, les gens sont déjà d'humeur à bavarder. À chaque coin de rue, des vendeurs à la sauvette me proposent un parapluie pour 8 euros. Je suis trempé, mais tant pis, je marche au hasard des rues. Via Roma, j'aperçois le Grand Hôtel et des palmes, où j'ai passé voilà quinze ans l'une des nuits les plus mémorables de mon existence. Je décide de m'abriter dans le bar de ce palace raffiné et désuet. Le grand lustre de l'entrée est toujours là. Je m'attends à croiser d'autres fantômes, Raymond Roussel, qui s'y suicida, Scott Fitzgerald ou Ernest Hemingway. Dans le bar 1950, les bouteilles d'alcool sont alignées sur des meubles élégants, l'éclairage est tamisé et je m'enfonce dans un

1. Extrait cité dans le livre de Francesco Guerra et Nadia Robotti, *Ettore Majorana, Aspects of his Scientific and Academic Activity*, Pisa, Edizioni della Normale, 2008, p. 56.

fauteuil comme si j'allais m'endormir et rêver. Tout un passé resurgit qui vient éclabousser mon présent. Il n'y a qu'une femme pour supplanter une obsession. Et je bois mon café serré comme une infusion, une infusion de souvenirs, une chanson du temps retrouvé.

Deux heures plus tard, je suis devant le *Grande Albergho Sole*, dont j'ai souvent composé le numéro de téléphone — en vain. Le bâtiment est en partie bâché. L'hôtel est fermé pour travaux. Le jeu de masques ne s'arrêtera donc jamais. Bientôt, il y aura aussi un *Lounge bar*, annoncent de grandes pancartes en lettres capitales. Je suis interdit. Je ne verrai rien du lieu où Majorana a écrit ses derniers mots.

Et soudain j'entends une voix qui me murmure à l'oreille : « Toi qui es si sportif, tu peux toujours courir... »

En guise d'épilogue

PETITE MÉTAPHYSIQUE DE L'ÉVASION

> Nous connaissons tous des moments de découragement où nous sommes dégoûtés de nous-mêmes et las de lutter en vain. Notre vie fait naufrage et nous adoptons l'attitude du fils prodigue. Nous doutons des chances de succès des choses. Nous voulons un monde où nous pouvons simplement abandonner la partie, nous jeter au cou de notre père et nous dissoudre dans la vie absolue comme une goutte d'eau dans la rivière ou la mer.
>
> WILLIAM JAMES

Personne n'est à même de reconstituer les dernières étapes de l'enchaînement catastrophique qui a conduit Majorana à choisir de disparaître. Moi pas plus qu'un autre. Outre l'absence totale d'information ou d'indice confirmé sur ce qu'a été son emploi du temps après le 26 mars, il y a un autre obstacle majeur aux diverses interprétations qui prétendent saisir la suite causale dont le terme a été de se taire, de ne plus exister socialement, peut-être de ne plus vivre : la singularité radicale de Majorana, sa dimension romanesque. On peut toujours évoquer sa difficulté d'être, sa maladie, ou une lassitude indomptable, cela n'enlève pas grand-chose à l'opacité de sa disparition.

J'en suis arrivé à penser que tout s'est passé comme si Majorana s'était annihilé de lui-même, auto-annihilé en quelque sorte, comme s'il avait été sa propre antiparticule, comme s'il s'était appliqué à lui-même sa théorie sur l'antimatière. Bref, comme s'il était devenu un vrai neutrino « de Majorana » ! Après tout, lui aussi avait la propriété de se propager dans le monde avec une absolue discrétion, tel un ange. Il portait en lui-même sa propre négativité, une sorte de mine antipersonnel personnelle capable de le détruire et avec laquelle il était obligé de cohabiter sans trêve. Et son être était constitué d'une matière sombre, presque noire.

Mais qui peut garantir que Majorana était réellement dépressif ou même seulement déprimé ? Rien dans ses lettres ne permet de l'affirmer. Jamais il n'a lancé de fusées de détresse ni laissé filtrer de désarroi ou de spleen. Pourtant, tous ceux qui l'ont connu ou fréquenté témoignent de sa difficulté à communiquer. Comment fait-on au juste pour vivre, pour vivre humainement, quand on n'est compris par (presque) personne de son vivant ?

Majorana marchait, semble-t-il, dans une solitude extrême — cette solitude invincible et originaire que Leopardi, Pessoa, Kafka, Fitzgerald ou Buzzati n'ont cessé de décrire. Un homme tel que lui devait ressentir ce grand mouvement d'ombres qui porte toute chose vers le néant. Il avait comme un trou dans le ventre, au sens propre et au sens figuré.

Être au monde exige trop pour qui ne peut jouer aucun rôle prédéfini sans se trahir, pas plus celui de professeur que celui de physicien visionnaire et vraisemblablement nobélisable. Majorana refusait toute forme d'incarcération, qu'elle soit sociale, professionnelle ou institutionnelle. Et je ne peux que l'approuver, car je respecte *a priori* tous ceux qui s'évadent, ou du moins cherchent à le faire. D'où ma passion pour l'alpinisme, dont la pratique conjugue la contrainte et la liberté, la pesanteur et la grâce, le risque et l'envol. Majorana n'était pas alpiniste (je le vois d'ici « exploser » physiquement dès les premiers mètres de la première pente) et il ne se serait sans doute pas évadé si on l'avait enfermé entre quatre murs (il s'y serait même senti libre à condition de pouvoir travailler...). Pour lui, l'emprisonnement commençait avec une fonction officielle, un titre, un statut, une étiquette.

D'où vient alors que certains êtres perdent patience ? De quoi est constitué l'isolant dont ils s'entourent, qui les empêche d'adhérer au monde, aux autres, et les pousse finalement à se séparer brutalement de tout ? J'aime cette remarque d'Octave dans *La Règle du jeu*, de Renoir : « Sur cette Terre, il y a une chose effroyable, c'est que tout le monde a ses raisons. » Certes, mais les génies, les génies les plus solitaires ou les plus décalés, en auraient-ils plus que les autres lorsqu'il s'agit d'en finir ?

Comme le Mathias Pascal de Pirandello, on peut laisser son chapeau et sa veste, avec une lettre dans la poche, sur le parapet d'un pont qui enjambe un fleuve. Puis, au lieu de se jeter dans l'eau, on s'en va tranquillement ailleurs. Toutes sortes de motivations peuvent entrer en jeu et même interférer les unes avec les autres. Après tout, il n'est pas si déraisonnable d'imaginer qu'*ailleurs* ou *autrement* la vie serait moins malheureuse. Ni d'attribuer à une sorte de déracinement ce désappointement de la conscience lorsqu'elle ne trouve jamais ce qu'elle ne cesse pourtant d'attendre. Qui peut jurer qu'il n'a jamais senti poindre en lui l'angoisse d'un exilé chez les araignées, la pulsion irrépressible de plier bagage en toute discrétion, un désir fou d'errance définitive ? « L'instant de la décision est une folie », disait Kierkegaard. Sans doute. Reste que la décision de Majorana de se mettre à l'écart du monde ou de le quitter pour de bon interroge le sens de toute existence humaine. Par concaténations successives, elle converge même vers un nœud proprement métaphysique : pour quoi être ? Et pourquoi être ici plutôt que là ?

Parmi mille autres, également défendables, ma réponse serait : pour aimer, se déplacer, courir les montagnes, tenter de comprendre ce qui est compréhensible dans l'Univers. Mais Majorana, lui, avait d'autres idées, d'autres visées en tête. Et il fut à l'évidence l'un de ces fous désintéressés dont parle Poincaré. Ou plutôt un homme désintéressé mais non fou, à qui les physiciens d'aujourd'hui doivent de colossales économies de pensée.

À l'heure où j'écris ces lignes, paraît en Italie un livre qui défend la thèse selon laquelle il se serait retranché dans un monastère en Calabre[1], au su de sa famille. À partir de la fin de l'été 1939, explique Stefano Roncoroni, plus personne ne le recherche et son enseignement à l'université de Naples est officiellement attribué à Antonio Carelli, sans que la famille réagisse. Dans le même temps, elle reçoit une lettre de la secrétairerie du Vatican l'informant qu'il n'y a plus aucune raison de poursuivre

1. Stefano Roncoroni, *Ettore Majorana, lo scomparso e la decizione irrevocabile*, Roma, Editori Internazionali Riuniti, 2013.

les recherches... Et, à l'automne 1939, le père Caselli, un jésuite qui officie dans ce monastère, accepte de la famille une donation au nom d'Ettore Majorana, dont il parle comme de « l'Éteint ». Majorana se serait donc réfugié dans un couvent et y serait mort, sans doute de maladie, quelques mois après son admission.

Cette thèse, *a priori* ni plus ni moins plausible que beaucoup d'autres, implique que Majorana ne s'est pas suicidé (dans le cas contraire, la famille n'aurait pas fait de don). Mais, si on lui accorde crédit, il faut expliquer pourquoi Dorina Majorana a toujours conservé à son fils sa part d'héritage, ce qui suppose que, jusqu'à la fin, elle l'a espéré à la fois disparu et vivant. J'envisage cette thèse comme j'envisage les autres, avec l'air énigmatique de la sirène à tête de poisson de Magritte fixant sur ceux qui la regardent la placidité ironique de ses grands yeux vides.

Cependant, je me souviens d'une coïncidence troublante qui soulève peut-être un coin du voile : *La Disparition de Majorana* a pour anagramme *J'adorai la dimension à part*. Je sais bien que ce beau hasard n'a lieu qu'en français, mais — allez savoir pourquoi — je lui accorde une portée transalpine.

Il m'importe désormais de laisser Majorana à son mystère. Celui d'un homme qui n'a jamais complètement habité le monde humain, d'un physicien très à part qui, comme le tonnerre, fait entendre son grondement longtemps après.

Chamonix, le 28 juillet 2013.

REMERCIEMENTS

Je tiens à remercier tout particulièrement Ettore Majorana Jr., le neveu homonyme d'Ettore Majorana, pour les documents qu'il m'a montrés et certains renseignements qu'il m'a donnés sur la vie de son oncle et sur l'histoire de sa famille. Et, surtout, pour son amitié et sa confiance, qui me touchent. Sans lui, sans elles, ce livre n'aurait pas du tout été le même.

Je remercie également Wolfgang Schultze, autre neveu d'Ettore Majorana, qui m'a lui aussi aidé et encouragé, notamment lors de mon séjour à Rome, et Dante Majorana (dont le père était un cousin d'Ettore), avec lequel j'ai eu, à Catane, une discussion passionnante sur les rumeurs qui ont entouré la disparition de Majorana.

J'exprime toute ma reconnaissance à Charles Alunni, mon grand frère en ettorelogie, ma gratitude intégrale à Giuseppe Mussardo, physicien, spécialiste de l'histoire de la physique italienne, qui m'a longuement reçu en 2010 à Trieste pour évoquer la figure de Majorana, et également à Giovanni Battimelli, qui m'a ouvert la porte des copieuses archives d'Edoardo Amaldi, rassemblées dans un sous-sol de La Sapienza, l'université de Rome.

Enfin, je remercie Sylvie Fenczak, mon éditrice, qui a si bien su accompagner ce livre.

ÉTIENNE KLEIN

ANNEXES

I

LES ÉCHOS CONTEMPORAINS DE MAJORANA

Les travaux de Majorana parlent aux chercheurs d'aujourd'hui, comme s'il leur avait intensément préparé le terrain, creusant des pistes auxquelles il est le seul à avoir songé. Je crois qu'il en était conscient. Dans sa bibliothèque se trouvait en bonne place *Science et méthode*, d'Henri Poincaré, dans lequel on peut lire ces phrases : « Il suffit d'ouvrir les yeux pour voir que les conquêtes de l'industrie qui ont enrichi tant d'hommes pratiques n'auraient jamais vu le jour si ces hommes pratiques avaient seuls existé, et s'ils n'avaient été devancés par des fous désintéressés qui sont morts pauvres, qui ne pensaient jamais à l'utile, et qui pourtant avaient un autre guide que leur caprice. C'est que, comme l'a dit Mach, ces fous ont économisé à leurs successeurs la peine de penser. »

Dans cette première annexe un peu plus technique que le corps du livre, je voudrais expliciter trois thématiques très importantes des recherches actuellement menées en physique, à propos desquelles le nom de Majorana est constamment cité.

Le neutrino est-il aussi un antineutrino ?

L'existence du neutrino a été prédite par Wolfgang Pauli, en 1930, et cette particule élémentaire fut expérimentalement découverte en 1955. Si sa masse était strictement nulle, comme l'avait supposé Pauli, le fait que le neutrino soit de Dirac ou de Majorana importerait peu, car cela ne conduirait à aucune différence de comportement selon l'hypothèse choisie. Mais on sait depuis 2001 que ce n'est pas le cas : les neutrinos sont bel et bien massifs[1]. Il n'est donc plus indifférent de savoir s'ils sont de Dirac ou de Majorana, c'est-à-dire identiques ou non à leur propre antiparticule, dès lors qu'on peut imaginer des expériences qui conduiraient à des résultats différents dans l'un et l'autre cas.

L'enjeu théorique de cette affaire est d'une importance cruciale. Il s'agit de rendre compte du fait que les neutrinos observés sont toujours « gauchers », c'est-à-dire que leur spin a une orientation contraire à celle de leur vitesse. Et

1. Cette découverte capitale a valu en 2002 le prix Nobel de physique à Raymond Davis et à Masatoshi Koshiba.

d'expliquer pareillement pourquoi les antineutrinos, eux, sont toujours « droitiers », le spin étant systématiquement dans le même sens que leur vitesse. Selon la théorie de Dirac, un neutrino peut être gaucher ou droitier, et il en va de même pour un antineutrino. Mais un neutrino observé gaucher dans un repère donné peut être observé droitier dans un autre repère (*idem* pour l'antineutrino) : il suffit pour cela que cet autre repère se déplace plus vite que le neutrino, ce qui n'est possible que si le neutrino est massif (il va alors moins vite que la lumière dans le vide, de sorte qu'on peut en principe le dépasser). Ce n'est que la dynamique et le repère dans lequel on se place, incapable d'aller plus vite qu'un neutrino, qui expliquent pourquoi nous n'observons que des neutrinos gauchers et des antineutrinos droitiers. Selon la théorie de Majorana, en revanche, neutrino et antineutrino forment une seule et même particule. L'antiparticule du neutrino gaucher n'est pas autre chose que le neutrino droitier, et réciproquement. Mais comment savoir qui a raison ? Le seul moyen est de parvenir à départager expérimentalement les deux théories, celle de Dirac et celle de Majorana.

Il arrive que des paires de neutrinos soient produites lors d'événements extrêmement rares, comme la « double désintégration ß » où, au lieu d'un électron et d'un neutrino comme dans la désintégration ß classique, ce sont simultanément deux électrons et deux neutrinos (en fait deux antineutrinos) qui sont émis par un noyau atomique. Cette désintégration, spécifique de certains noyaux tels que le calcium 48, le germanium 76, le sélénium 82 et quelques autres, ne survient que très rarement. Mais des physiciens essaient aujourd'hui de détecter des événements encore plus rares où seuls deux électrons seraient émis, c'est-à-dire sans émission d'aucun neutrino. Leur idée est que, si le neutrino était « de Majorana », c'est-à-dire identique à sa propre antiparticule, il devrait pouvoir s'annihiler dès qu'il rencontre l'un de ses congénères, neutrino ou antineutrino, de sorte que les deux neutrinos émis par une double désintégration ß pourraient disparaître de l'état final.

Plusieurs expériences internationales, répondant aux doux noms de *Supernémo, Gerda, Cuore, Exo* et… *Majorana*, sont actuellement sur les rangs pour traquer cette « double désintégration ß sans émission de neutrino ». Le principe sur lequel elles s'appuient est de rassembler la plus grande quantité d'atomes candidats, par exemple du sélénium 82 ou du germanium 76, de les protéger du rayonnement cosmique en les disposant dans un souterrain et d'attendre patiemment qu'un tel phénomène se produise et se laisse détecter. Selon la théorie de Dirac, cette nouvelle forme de radioactivité est rigoureusement impossible, alors qu'elle doit pouvoir être observée selon la théorie de Majorana. Sans aucun doute, sa mise en évidence, qu'on devine très délicate, serait une découverte cruciale puisqu'elle obligerait à modifier le statut des neutrinos dans l'actuel modèle standard de la physique des particules et ouvrirait la voie à une « nouvelle physique ».

D'où vient que l'antimatière a disparu ?

Cette nouvelle physique permettrait également de résoudre un vieux problème de l'astrophysique : celui de la prédominance de la matière sur l'antimatière. On sait que la matière identifiée dans l'Univers est constituée presque exclusivement de particules et non pas d'antiparticules : en d'autres termes, il n'existe pratiquement pas d'antimatière en dehors des laboratoires dans lesquels des physiciens en fabriquent. Mais on sait également qu'il n'en a pas toujours été ainsi : dans son passé lointain, l'Univers contenait presque autant d'antiparticules que de particules. La question qui se pose est donc la suivante : étant donné que particules et antiparticules ont des propriétés symétriques et qu'elles subissent exactement les mêmes forces, d'où provient que notre monde soit constitué des premières plutôt que des secondes ?

On sait que les galaxies sont des îlots de matière dans l'espace. Certaines d'entre elles ne pourraient-elles pas être exclusivement composées d'antimatière ? Cette hypothèse, un temps évoquée, n'a pas résisté aux observations, car l'existence de collisions entre galaxies de matière et galaxies d'antimatière devrait produire, par annihilation, un rayonnement très énergétique et très intense occupant toutes les directions du ciel. Or ce rayonnement n'a jamais été observé. En outre, personne n'est parvenu à imaginer un processus qui aurait pu séparer totalement la matière de l'antimatière de façon qu'elles puissent former ensuite de grandes structures homogènes. Nous sommes donc condamnés à admettre l'existence d'une dissymétrie radicale au sein de notre Univers : la matière y domine, l'antimatière en a été éliminée.

Le modèle standard de la cosmologie prédit que l'Univers primordial devait contenir autant de matière que d'antimatière, toutes deux à l'équilibre, s'annihilant et se créant en permanence au sein d'un gaz de photons. L'expansion de l'Univers est venue refroidir progressivement ce milieu, diminuant l'énergie disponible dans un volume donné. Les particules les plus massives, qui requièrent davantage d'énergie pour se matérialiser, ont disparu les premières, donnant naissance par leur désintégration à d'autres particules moins lourdes. Les plus légères ont subsisté, leurs distances mutuelles augmentant progressivement du fait de l'expansion. Leur densité a décru corrélativement, rendant les annihilations de moins en moins fréquentes. Mais tout cela n'a pas suffi à déséquilibrer les quantités de matière et d'antimatière. Reste donc à imaginer un mécanisme qui a fait disparaître la seconde au profit de la première dans un passé très lointain de l'Univers.

C'est un futur Prix Nobel de la paix, Andreï Sakharov, qui, le premier (en 1967), envisagea la possibilité d'un excédent ténu de matière sur l'antimatière, indiquant au passage les trois conditions nécessaires à l'apparition d'une telle dissymétrie (parmi elles figure le fait que certaines particules doivent ne pas se comporter, en toutes circonstances, exactement comme leurs antiparticules : c'est ce qu'on appelle la « violation de la symétrie CP », déjà observée sur certaines particules, tels les kaons neutres ou les mésons beaux). Il expliqua que, si les trois conditions qu'il a énoncées ont bien été satisfaites, le nombre de protons et de neutrons produits au début de l'Univers (et qui constituent notre matière actuelle) a pu être très légèrement supérieur à celui des antiprotons et des antineutrons. Après l'annihilation de l'antimatière par la matière, toute l'antimatière aurait disparu, ainsi que la plus grande partie de la matière, mais l'excédent de matière, qui était extrêmement faible (dans la proportion d'un pour un milliard environ), aurait subsisté : il constituerait la matière que nous observons aujourd'hui ainsi que celle dont nous sommes faits. La matière de l'Univers actuel serait donc l'improbable rescapée d'un gigantesque carnage.

C'est cette conjecture qu'il convient désormais de confirmer ou d'infirmer. Pendant longtemps, les physiciens se sont demandé si les petites différences de comportement entre quarks et antiquarks (les particules élémentaires qui constituent respectivement les protons et les antiprotons) permettraient d'expliquer pourquoi la matière a fini par triompher. Mais aucun élément de réponse n'a été apporté et leur espoir repose désormais sur… les neutrinos ! Cette nouvelle piste pourrait être prometteuse, mais les résultats expérimentaux font encore défaut. C'est là que le nom de Majorana réapparaît, car ce qu'on a pu démontrer, c'est que, si les neutrinos se révélaient être « de Majorana » plutôt que « de Dirac », cela constituerait un gros morceau de l'explication.

Majorana pourrait ainsi avoir résolu un problème capital de l'astrophysique à une époque où ce problème ne s'était pas encore posé et où les mots pour le dire n'existaient pas tous…

De plus, l'existence de neutrinos de Majorana permettrait de comprendre, grâce à des arguments trop délicats pour être rapportés ici[1], pourquoi les neutrinos ont une masse beaucoup plus faible que les autres particules de matière.

De quoi est constituée la matière noire ?

Mais autre chose de plus important encore pourrait ramener Majorana sur le devant de la scène. Depuis plusieurs décennies (cette découverte est toutefois postérieure à la disparition de Majorana), l'observation de plus en plus minutieuse des galaxies sème le trouble. Car la seule façon de comprendre les valeurs des vitesses des étoiles au sein d'une galaxie, si l'on adopte l'hypothèse selon laquelle les lois de la gravitation sont celles que nous connaissons, est de supposer que la partie visible des galaxies est enveloppée par une masse énorme de matière invisible, la matière « noire ». Tout récemment, d'autres phénomènes sont venus renforcer le crédit qu'il convient d'accorder à cette idée. Par exemple, on sait que la lumière est déviée par des masses élevées. Or, pour nous parvenir, la lumière issue de certaines galaxies lointaines a dû passer à proximité d'un amas de galaxies. Sa trajectoire a donc été distordue en chemin,

1. Voir Gilles Cohen-Tannoudji, Michel Spiro, *Le Boson et le chapeau mexicain*, Paris, Gallimard, coll. « Folio Essais », 2013, p. 423-424.

comme si elle était passée au travers d'un système optique. La galaxie nous apparaît dès lors non plus comme un point brillant, mais comme un arc lumineux (on parle de « mirages gravitationnels »). De la forme et des dimensions de ces arcs on peut déduire la masse de l'amas de galaxies responsable de cette déformation. Et le résultat est sans ambiguïté : la masse de l'amas ainsi mesurée est dix fois supérieure à sa masse apparente, c'est-à-dire à la masse que révèlent les étoiles visibles qu'il contient. Il y a donc bien de la masse invisible, une matière noire qui agit gravitationnellement mais n'émet pas de lumière.

De quoi cette matière noire est-elle faite ? Est-il possible qu'elle soit constituée de particules que nous connaissons déjà, par exemple de neutrinos ? Beaucoup de physiciens l'ont pensé dans un premier temps, mais cette hypothèse est aujourd'hui invalidée. S'agit-il alors d'une matière composée de particules radicalement nouvelles ? Sans doute. Mais lesquelles ?

C'est ici, dans les réponses possibles à cette question, que les idées de Majorana redeviennent intéressantes et peut-être même décisives, surtout si on les associe à d'autres, formulées plus récemment (dans les années 1970), et qui sont à la base de ce qu'on appelle la « supersymétrie ». De quoi s'agit-il ? D'une théorie élégante, mais encore hypothétique, qui impose un lien de symétrie entre les particules de matière, qui sont toujours des fermions (électrons, quarks, neutrinos...), et les particules d'interaction, qui sont toujours des bosons (photons, gluons, bosons intermédiaires). En d'autres termes, cette théorie réclame un doublement de l'effectif des particules élémentaires : à chacune des particules déjà connues la supersymétrie associe une autre particule, qui est son « partenaire supersymétrique ». Cette dernière est un boson si la particule de départ est un fermion, et un fermion si la particule de départ est un boson. À l'électron se voit ainsi associé un *sélectron*, au quark un *squark*, au photon un *photino*, et ainsi de suite. Le photon étant sa propre antiparticule, le photino, s'il existe, est nécessairement une particule de matière de charge nulle qui est elle aussi identique à sa propre antiparticule, donc une particule de... Majorana ! Il pourrait constituer la matière noire...

Si la preuve de l'existence de particules identiques à celles que Majorana avait configurées[1] est un jour établie, son annonce provo-

1. Depuis quelques années, de telles particules sont également traquées par les physiciens de la matière condensée, qui les cherchent non comme particules élémentaires, mais comme « excitations collectives » dans le gap de supraconducteurs non conventionnels dits « topologiques ». Si elles existent, ces « quasi-particules de Majorana » pourraient être

quera un big bang non pas dans l'Univers, qui a déjà eu son compte, mais dans la physique elle-même.

utilisées comme support de l'information dans d'éventuels ordinateurs quantiques.

II

MAJORANA
ET LA BOMBE ATOMIQUE

Dans *La Disparition de Majorana*, paru en 1975, Leonardo Sciascia émet l'hypothèse que la disparition du physicien a été une abdication, une sorte d'échappatoire qui lui a permis de s'extraire du torrent atroce qui allait bientôt ensanglanter l'Histoire. Il défend l'idée que Majorana aurait entrevu la fission de l'uranium et ses applications militaires, et que cette perspective l'aurait tourmenté au point de fissurer sa conscience.

Cette interprétation est séduisante en ce qu'elle transforme Majorana en un visionnaire, un extralucide assombri par le cauchemar qui allait devenir réalité. Comme si toute sa personnalité devait être regardée à la lumière noire des événements de la Seconde Guerre mondiale. Comme s'il était l'incarnation anticipée de Robert Oppenheimer, le père scientifique des bombes américaines *Little Boy* et de *Fat Man*. Pourtant, cette lecture ne résiste pas à l'épreuve de l'histoire des sciences ni de l'Histoire tout court.

En 1934, à Rome, Enrico Fermi et ses collaborateurs ont bel et bien provoqué expérimentalement des réactions de fission nucléaire, mais sans du tout s'en rendre compte, sans même identifier le phénomène : après avoir procédé à des analyses chimiques trop sommaires, ils ont cru à tort avoir produit, par projection de neutrons sur une cible d'uranium, le premier « transuranien » (c'est-à-dire le premier élément contenant plus de protons que l'uranium), que d'aucuns proposèrent d'appeler le « mussolinium », avant de se raviser lorsqu'ils comprirent que le Duce pourrait être froissé par la brièveté de la durée de vie de cet élément.

Fermi avait prudemment avancé le processus suivant : l'uranium 238 (composé de 92 protons et 146 neutrons) absorberait le neutron et formerait de l'uranium 239 (92 protons et 147 neutrons). Un neutron de cet uranium 239 se transformerait en proton par radioactivité ß et cela donnerait un élément encore inconnu, l'élément 93 (93 protons et 146 neutrons). Cette annonce d'un nouvel élément, qui plus est artificiel, fit l'effet d'une bombe, si l'on peut dire. Tous les journaux, tant italiens qu'étrangers, s'en firent l'écho. En réalité, elle était prématurée.

Ce n'est qu'en janvier 1939 que Lise Meitner

et Otto Frisch comprirent rétrospectivement les expériences romaines de 1934, selon le déroulement suivant. En 1938, les chimistes allemands Otto Hahn et Fritz Strassmann étaient fort occupés à irradier de l'uranium avec des neutrons lents, et les résultats de leurs expériences avaient de quoi leur donner le tournis : à l'issue de l'irradiation, ils constataient systématiquement la présence d'atomes de baryum. Ils savaient, depuis la découverte de la radioactivité artificielle, en 1934, par les Joliot-Curie, que les noyaux d'uranium sont capables, sous le feu nourri d'autres particules, de capturer ou de céder quelques protons ou neutrons, mais ce qu'ils constataient là les stupéfiait : à partir d'un noyau de 92 protons, ils en obtenaient un qui n'en contenait que 56… Il n'était tout simplement pas pensable de changer aussi profondément et aussi facilement la matière. Comment une cause aussi ténue que la lenteur d'un neutron pouvait-elle provoquer un effet aussi massif sur le plus gros des noyaux atomiques ?

Après avoir vérifié et revérifié leurs analyses chimiques, et avoir averti leurs collègues physiciens Lise Meitner et Otto Frisch, ils annoncèrent enfin l'incroyable résultat : frappé par un seul neutron, un noyau d'uranium 235 contenant 92 protons peut se scinder en deux noyaux plus petits, l'un de baryum (contenant 56 protons), l'autre de krypton (36 protons).

Ce phénomène de fission s'accompagne de la libération d'une énergie de deux cents millions d'électronvolts, environ cent mille fois plus grande que l'énergie libérée lorsqu'un atome ou une molécule participe à une réaction chimique.

Dans les mois qui suivirent, la communauté mondiale des physiciens fut survoltée. Elle lut, commenta et critiqua cet étonnant résultat, laissant libre cours à son imagination, fantasmant à l'envi sur les effets et les usages possibles de la fission de l'uranium 235. Un peu partout dans le monde, les expériences furent reproduites et mieux comprises. Dès les premiers jours de mai 1939, Frédéric Joliot-Curie et ses collègues en savaient assez sur les mécanismes de la fission pour déposer des brevets concernant le réacteur nucléaire et la bombe atomique. C'est la Seconde Guerre mondiale, alors imminente, qui dictera la suite tragique de l'histoire.

On peut opposer à cette lecture que la chimiste Ida Noddack, la « Marie Curie allemande » (elle avait découvert l'élément 75, le rhénium), avait entrevu dès 1934 les défauts des analyses chimiques effectuées par Fermi et son équipe. Selon elle, avant de suggérer qu'ils avaient produit l'élément 93, ils auraient dû comparer l'élément irradié par les neutrons à tous les éléments chimiques connus et pas seulement à ceux qui sont proches de l'uranium dans le tableau périodique. Certes, mais comment auraient-ils pu imaginer une seule seconde qu'en lançant un simple neutron sur de l'uranium on pourrait produire des noyaux beaucoup plus légers ? Elle, pourtant, imagina explicitement l'hypothèse selon laquelle les noyaux d'uranium, heurtés par des neutrons, pouvaient se couper en deux noyaux plus légers. Et fit paraître en septembre 1934, dans la *Zeitschrift für Angewandte Chemie*, un article de seulement deux pages, « Über das Element 93[1] », dans lequel cette interprétation était explicitement mentionnée : « Il serait possible que ces noyaux se brisent en plusieurs gros morceaux qui seraient certes des isotopes d'éléments connus sans être voisins de l'élément irradié. » C'était une possibilité logique, en effet, mais qui ne s'appuyait sur aucune base théorique ni expérimentale, de sorte que cette spéculation ne fut pas réellement prise au sérieux et demeura très largement ignorée. Ida Noddack ne tenta elle-même aucune expérience pour vérifier son hypothèse alors qu'elle était experte en matière d'analyses chimiques.

Majorana a-t-il eu vent de son article ? Ou est-il arrivé de lui-même à la même conclusion ? Il est difficile de se prononcer. La bibliothèque de la via Panisperna était abonnée à la presti-

1. Ida Noddack, *Zeitschrift für Angewandte Chemie*, 47, p. 653-655, 1934.

gieuse revue qui publia Ida Noddack. Fermi en avait certainement reçu un tiré à part et avait dû le commenter avec ses collègues. Mais en 1934, lorsque Fermi effectuait ses expériences, Majorana ne fréquentait déjà plus le laboratoire de la via Panisperna, ni sa bibliothèque. Il s'était retranché dans la chambre de l'appartement familial. Comment aurait-il pu comprendre ces expériences à distance ? Il n'y a ni trace ni témoignage indiquant qu'il s'y soit intéressé. Toutefois, on ne peut pas complètement exclure la possibilité que le scientifique qu'il était ait tout saisi par un acte de pensée pure, sans avoir l'air d'y toucher. Alors, admettons que Majorana ait compris que les noyaux d'uranium 235 sont capables, dans certaines conditions bien particulières, de fissionner en deux ou trois noyaux plus légers. Cela lui aurait-il permis d'entrevoir la possibilité de fabriquer des bombes atomiques ?

Ma réponse à cette question est catégorique : c'est non. Car, pour qu'une bombe atomique devienne envisageable, il faut non seulement avoir identifié le processus de fission nucléaire, mais aussi savoir qu'à l'issue de la fission d'un noyau d'uranium 235 sont émis plusieurs neutrons — deux ou trois — qui sont essentiels pour qu'une réaction en chaîne soit possible et libère une gigantesque quantité d'énergie : chaque neutron émis heurte un autre noyau d'uranium 235, qui fissionnera à son tour, émettant deux ou trois autres neutrons, qui heurteront autant de noyaux d'uranium 235, etc. Or, avant 1939, personne n'avait pu faire état d'une telle connaissance, qui ne fut acquise que par des mesures expérimentales très précises.

Il n'existe du reste aucune note de Majorana, aucune lettre de lui pour attester la prémonition qu'un tel phénomène physique fût à ses yeux possible. Et rien n'indique qu'il a été par la suite obsédé par les effets possiblement délétères de la science. S'il était vrai qu'il eût anticipé et redouté le dévoiement mortifère de la physique, comment expliquer qu'il ait voulu intégrer l'université en 1937 pour y enseigner la... physique, notamment nucléaire ?

Après la publication de son livre, Leonardo Sciascia fut vivement pris à partie par Edoardo Amaldi, l'un des premiers *ragazzi* de la via Panisperna, qui a bien connu Majorana et en a été le premier biographe[1] : à ses yeux, le suicide, ou la fuite, ou la disparition de son collègue n'était nullement l'expression d'un refus de la science en train de se faire ni la conséquence d'« une vision apocalyptique », mais l'aboutissement d'un désarroi intime très profond[2]. Cet

1. Edoardo Amaldi, *La Vita e l'opera di E. Majorana, 1906-1938*, Rome, Accademia dei Lincei, 1966.

2. La réponse complète d'Edoardo Amaldi à Leonardo Sciascia est reproduite en français dans la réédition de Leonardo

avis était partagé par tous les physiciens qu'il avait fréquentés à Rome, notamment Gian Carlo Wick et Franco Rasetti, qui jugeaient impossible que leur collègue eût pu prédire la fission et encore moins ses applications, fût-ce par des calculs d'avant-garde ou par une juste interprétation des expériences menées par Enrico Fermi. Voilà pourquoi, selon moi, Majorana n'a pas pu entrevoir les flammes d'Hiroshima ni de Nagasaki.

Sciascia, *La Disparition de Majorana*, traduit de l'italien par Mario Fusco, Paris, Garnier-Flammarion, 1984 ; rééd. Paris, Allia, 2012.

BIBLIOGRAPHIE

AMALDI, Edoardo, *Nota biographica di Ettore Majorana*, Roma, Accademia Nazionale dei Lincei, 1966.

BONELLS, Jordi, *La Deuxième Disparition de Majorana*, Paris, Éditions Liana Levi, 2004.

CAMBON, Anne-Marie, *Une destination légèrement incertaine*, Brest, Éditions Dialogues, 2011.

FERMI, Laura, *Atomes en famille, mon existence avec Enrico Fermi*, Paris, Gallimard, 1955.

FERNANDEZ, Bernard, *De l'atome au noyau*, Paris, Ellipses, 2006.

GUERRA, Francesco et ROBOTTI, Nadia, *Ettore Majorana, Aspects of his Scientific and Academic Activity*, Pisa, Edizioni della Normale, 2008.

KLEIN, Étienne, *Il était sept fois la révolution, Albert Einstein et les autres*, Paris, Flammarion, 2005.

MAJORANA, Ettore, *Lezioni all'università di Napoli*, Napoli, Bibliopolis, 1987.

—, « Sullo sdoppiamento dei termini Roentgen ottici a causa dell eletrone rotante e sulla intensiva delle righe del cesio », *Rendiconti accademia dei Lincei*, 1928, vol. 8, p. 229-233.

—, « Atomi orientati in campo magnetico variabile », *Nuovo Cimento*, 1932, vol. 9, p. 43-50.

—, « Teoria relativistica di particelle con momento intrinseco arbitrario », *Nuovo Cimento*, 1932, vol. 9, p. 335-344.

—, « Über die Kerntheorie », *Zeitschrift für Physik*, 1933, vol. 82, p. 139-145.

—, « Teoria simmetrica dell'elettrone e del positrone », *Nuovo Cimento*, 1937, vol. 14, p. 171-184.

—, « Il valore delle Leggi Statistiche nella Fisica e nelle Scienze Sociali », *Scientia*, 1942, vol. 36, p. 58-66 (cf. note 10).

—, *Notes on Theoretical Physics*, éd. Salvatore Esposito, E. Majorana Jr., Alwyn van der Merve and Erasmo Recami, Dordrecht/Boston/London, Kluwer Academic Publishers, 2004.

—, *Unpublished Research Notes on Theoretical Physics*, éd. Salvatore Esposito, Alwyn van der Merve, Roberto Battiston and Erasmo Recami, Berlin, Springer-Verlag, 2009.

—, *Scientific Papers*, éd. Giuseppe Franco Bassani and the Council of the Italian Physical Society, Berlin, Springer-Verlag, 2006.

MALTESE, Giulio, *Il Papa e l'Inquisitore, Enrico Fermi, Ettore Majorana, via Panisperna*, Bologne, Saggi Zanichelli, 2010.

MAGUEIJO, João, *A Brilliant Darkness*, New York, Basic Books, 2009.

MEHRA, Jagdish et RECHENBERG, Helmut, *The Historical Development of Quantum Theory*, Berlin, Springer-Verlag, 1987, vol. 5.

RONCORONI, Stephano, *Ettore Majorana, lo scomparso e la decizione irrevocabile*, Roma, Editori Internazionali Riuniti, 2013.

RECAMI, Erasmo, *Il Caso Majorana. Con l'epistolario, documenti e testimonianze*, Milan, Arnoldo Mondadori, 1987.

SCIASCIA, Leonardo, *La Disparition de Majorana*, trad. fr. Mario Fusco, Paris, Garnier-Flammarion, 1984 ; rééd. Paris, Allia, 2012.

SEGRÈ, Emilio, *Fermi*, Chicago, The University of Chicago Press, 1970.

—, *A Mind Always in Motion*, University of California Press, 1993.

TONINI, Valerio, *Il Taccuino incompiuto. Vita Segreta di Ettore Majorana*, Roma, Armando Editore, 1984.

ANNEXES

DU MÊME AUTEUR

CONVERSATIONS AVEC LE SPHINX. LES PARADOXES DE LA PHYSIQUE. Albin Michel, coll. « Sciences d'aujourd'hui », 1991.

LE TEMPS ET SA FLÈCHE, avec M. Spiro (dir.), Frontières, 1995.

L'ATOME AU PIED DU MUR ET AUTRES NOUVELLES, Le Pommier, coll. « Romans & plus », 2000.

L'UNITÉ DE LA PHYSIQUE, PUF, coll. « Science, histoire et société », 2000.

MOI, U235, ATOME RADIOACTIF, avec B. Bonin et J.-M. Cavedon, Flammarion, 2001.

LES TACTIQUES DE CHRONOS, Flammarion, 2003 (prix « La science se livre », 2004).

PETIT VOYAGE DANS LE MONDE DES QUANTA, Champs-Flammarion, 2004 (prix Jean-Rostand, 2004).

IL ÉTAIT SEPT FOIS LA RÉVOLUTION. ALBERT EINSTEIN ET LES AUTRES..., Flammarion, 2005.

LE FACTEUR TEMPS NE SONNE JAMAIS DEUX FOIS, Flammarion, coll. « NBS », 2007.

LES SECRETS DE LA MATIÈRE RACONTÉS EN FAMILLE, Plon, 2008.

QUAND LA SCIENCE A DIT, C'EST BIZARRE !, Le Pommier, 2008.

GALILÉE ET LES INDIENS. ALLONS-NOUS LIQUIDER LA SCIENCE ?, Flammarion, coll. « Café Voltaire », 2008.

POURQUOI JE SUIS DEVENU CHERCHEUR SCIENTIFIQUE, propos recueillis par Ludovic Ligot, Bayard, 2009.

DISCOURS SUR L'ORIGINE DE L'UNIVERS, Flammarion, coll. « NBS », 2010.

LE SMALL BANG DES NANOTECHNOLOGIES, Odile Jacob, 2011.

ANAGRAMMES RENVERSANTES OU LE SENS CACHÉ DU MONDE, avec Jacques Perry-Salkow, Flammarion 2011.

EN CHERCHANT MAJORANA. LE PHYSICIEN ABSOLU, Éditions des Équateurs - Flammarion, 2013 (élu Meilleur Livre de science 2013 par le magazine *Lire*) (Folio n° 5891).

LE MONDE SELON ÉTIENNE KLEIN (Chroniques diffusées dans le cadre des « Matins » de France Culture), Éditions des Équateurs, 2014.

Composition Nord Compo
Impression Maury Imprimeur
45330 Malesherbes
le 15 janvier 2015.
Dépôt légal : janvier 2015.
Numéro d'imprimeur : 195590.

ISBN 978-2-07-046193-6. / Imprimé en France.

272290